カイジ「命より重い!」
お金の話

木暮太一

SB
サンマーク
文庫

漫画『カイジ』とは?

自堕落な日々を過ごす主人公、伊藤開司（いとう・かいじ）。そのカイジが多額の借金を抱えたことをきっかけにギャンブルの世界にのめり込んでいくという大人気作品。巨額の富を持つ「帝愛グループ」らとの命がけのギャンブルを通じて、勝負師としての才能を発揮するカイジだが、その運命は果たして……。

ギャンブル負けちゃった……
ククク……
ゴロッ
ハハハハ
ハハハ
ククク……
FAR EAST AIR FO
ハ……
あれ……？
な……なんだこれ……
泣いてどーすんだよ……！
ゴシッゴシッ
オレは……
バッ
くそっ
シャカシャカシャカ
この苦境を切り拓く何か……
有効な手だてはないものか……？

思想犯として逮捕され、死刑を宣告された文豪、
ドストエフスキーが、
獄中の体験を元にして書いたといわれる『死の家の記録』。
そこにはこんな一文がある――。
「金は、鋳造された自由である」

カイジ「命より重い！」お金の話

目次

序章　ようこそ、クズのみなさま

第1章 給料が少ない……？ 現実を見ろ！

第2章 金は、自分で守らねばならないのだ！

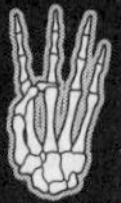

第4章 圧倒的勝利を呼ぶ、マネー思考を身につけろ！

編集協力　株式会社ぷれす
　　　　　岡田寛子
編集　平沢拓（サンマーク出版）
　　　蓮見美帆（サンマーク出版）

序章

ようこそ、クズのみなさま

【問題】

あなたは、銀行から年率12％で１００万円借りました。銀行から「返済が大変でしょうから、返済は月々１万円でいいですよ」と言われます。毎月の返済額が減るのは、あなたにとってもうれしいことであり、さっそくその条件で契約しました。さて、あなたが借金をすべて返済し終わるのは、何年後のことでしょうか？

※なお、金利は「単利」とする。

Ａ　５年
Ｂ　８・３年
Ｃ　10年

さて、いかがでしょう？　電卓を使わなくても、暗算で解ける問題です。

では、正解をお伝えします。答えはA、B、Cのいずれでもなく**「返済は、永遠に終わらない」**です。この契約通りに返済をしていると、一生返済が終わらないのです。

一体どういうことでしょうか？　まず、この契約内容を整理してみます。

・あなたが借りたお金：100万円
・金利（年率）：12％

です。このとき、あなたが払う利息は毎年12万円になります（100万円×12％）。

ここで、毎月1万円返済していくということは、あなたの返済額は、「毎年12万円」になります。つまり、あなたが返済している「毎月1万円」はすべて金利部分であり、元本の返済はしていないことになりますね。

元本が減っていないため、翌年も借りている金額は100万円です。そして同じように金利が発生します。しかし、翌年12万円〝返済〟しても、元本は減らず、翌々年また同じことの繰り返しになります。

ということは、あなたは永遠に毎月1万円返済しつづけなければいけないということになるのです。10年後も、20年後も、30年後も。

あなたも「カイジ」になるかもしれない時代

『カイジ』をはじめて読んだとき、この作品はお金についてのとても大事なこと、とりわけ、現代を生きる私たちが特に知っておかなければいけない**「マネー・リテラシー」**について語っていると感じました。

さきほどの問題でA〜Cの選択肢を選んでしまった人は、残念ながら、カイジをはじめとする、「借金地獄」に陥った人々と同じ〝素養〟があります。

カイジは、本当にダメな男です。金額も契約内容も知らないでバイトの後輩の連帯保証人になり、借金地獄に陥りました。帝愛グループ[※注1]の罠《わな》から命からがら生還したのに、地道に働くことよりもギャンブルで稼ぐ道を選びました。そして、お金のありがたみを知ったはずなのに、次の日に全額パチンコですりました。

普通では考えられないほどのダメっぷりを発揮しているカイジをみて、みなさんは「これは漫画の中の話だ」「カイジはバカだ」「こんなクズとオレは違う」……そんな風に思っているのではないでしょうか。

でも、私は、カイジに起こったことが決して漫画の世界の話ではなく、現実に起こっていること、また誰にでも起こり得ることだということを知っています。

たとえばもし、この本を手にしたあなたが、さきほどの問題が解けなかったならば、「カイジ」になってしまう可能性を大いに秘めています。

「選択肢に正解がないなんて、卑怯だ！」そういう反論もあるかもしれません。しかし、提示された選択肢の中から、**選んでしまったのは、あなた自身**です。帝愛グループが仕組んだような罠は、漫画の中だけの話ではありません。あなたの身近にも、忍び寄っているものなのです。

※注1：物語に登場する巨大金融企業。トップの兵藤会長のワンマン経営。なぜか社員は全員黒服にサングラス。不動産事業とパチンコ産業にも手を出していそうで、芸能界に強いコネがありそうだが、そこは触れられていない。

なぜ、マネー・リテラシーが必要か

学生のころにマルクスの『資本論』と『金持ち父さん 貧乏父さん』（ロバート・キヨサキ著）を読んで衝撃を受けて以来、私は経済学を独自に学んできました。

それは、**経済を知ることでよりよい生き方を選択できるようになる**と思っているからです。

そのことを一人でも多くの方に伝えるために私は、これまでに経済に関する書籍を30冊以上書いてきました。また経済や投資に関する講演をさせていただく機会も多いです。

しかし、私が経済について話をすると、「お金では幸せにはなれない」とか「お金よりも大事なものがある」という意見をいただきます。

この意見に関しては、私も基本的には賛成です。

でも、だからといって「お金についての知識を持たなくてもいい」ということには決してなりません（さらにいうと、本来、経済学はお金を稼ぐための学問でもありません）。

そもそも、日本の学校教育で「お金」についてあまり教えないのはなぜなのでしょうか。お金について話すと、「恥ずかしい」とか「ケチくさい」とか、日本人はそういうイメージを強く持っているようです。

しかし、そうした考え方は、日本の若い世代に明らかな弊害をもたらし始めています。

身近になった〝サラ金〟

住宅ローン、自動車ローンなど、特定の買い物をするときに組むローンを別にして考えると、個人がお金を借りる先は3業態あります。

一つ目は銀行・信用金庫などの金融機関、二つ目はクレジットカード会社・信販会社、三つ目は消費者金融会社です。

かつて消費者金融は〝サラ金〟と呼ばれ、非常にイメージが悪いものでした。「サラ金に手を出す」という言い回しもあり、利用者はまるで犯罪に手を染めたような言われ方をしていたのです。

ところが、現在ではどうでしょう？　昼夜問わず、大量のテレビCMが放映され、消費者ローンがぐっと身近に感じられるようになりました。

有名タレントがイメージキャラクターに使われ、「ご利用は計画的に（計画的に利用すれば、まったく問題ないですよ)」と宣伝しています。

かつてのような「サラ金に手を出す」というイメージを持っている人は減り、どんどん〝手を出しやすく〟なっています。

さらに注目すべきは、消費者ローンの利用者についての次のような調査報告です。

「銀行・信用金庫などの金融機関」で借入を行い、与えられた利用枠が一杯になった段階で、次に「クレジットカード会社・信販会社」、最後に「消費者金融会社」で借入を行うという傾向にあるが、**20代の若年層に関しては、借入当初から「消費者金融会社」を利用する傾向が高く、**「金融機関」の利用は低位にとどまっている(「消費者ローン利用者・利用経験者の借入に関する意識調査」NTTデータ経営研究所)。

これも広告・プロモーションの成果の一つでしょう。

消費者金融側からみれば「いい仕事をしている」わけですが、その結果、消費者ローンでお金を借りることに対し、特に若年層の人々の抵抗感が少なくなっていることは、大きな問題だと思います。『カイジ』の世界が決して空想のものではなく、現実に起こっていることだとお話ししたのはこのためです。

カイジのような20代の若者が、消費者ローンの仕組みや借金の返済が、自分の人生にどういう影響をもたらすかをどれだけわかって利用しているのか私は疑問に思います。

人気のタレントを使い、「あなたのために」とか「お客様のことを考えて」と優しい言葉で呼びかけていても、借金は借金。

そもそも、金融機関は人にお金を貸して儲《もう》けるのが商売です。彼らは「ビジネス」でやっているのであって、困ったときに助けてくれる正義の味方ではありません。ですから、安易に借金を勧める風潮に流されてはいけないのです。

カイジは、借金の返済のために、悪徳金融業者の口車に乗せられ、「一夜限りのギャンブルに勝てば借金がチャラ」というクルーズの「乗船契約書」にサインしてしまう。その際、契約書をまったく読んでいない。

〝オフェンス〟は知っていても〝ディフェンス〟を知らない日本人

書店に行くと、〝マネー本〟のコーナーがあり、お金に関わる様々なテーマの本が陳列されています。

お金はほとんどすべての人に関係のあるテーマなので、たくさん売れる可能性があります。ですから出版社もこぞって〝マネー本〟を出すわけです。

しかし、この〝マネー本〟には特徴があります。それは、**「稼ぐ」**と**「節約する（貯《た》める）」**の2種類のテーマしかないということです。

お金を稼ぐ方法、つまりポイントを稼ぎにいくお金の〝オフェンス知識〟について書かれた本は本当に多く、株やFX、不動産投資などから「〇〇で儲ける方法！」というノウハウを扱った本まで種類もたくさんあります。また、節約に関する本も

「1年で100万円貯める！」「これであなたも貯金できる！」など、数多く出版されていますね。

しかし、一方で自分のお金をどうやって守るか？　守らなかったらどうなるのか？　自分のお金とどう向き合って、どうやって使っていくか？　借金をしてまで消費してしまうと、どういうことになってしまうのか？　について書かれた本は、ほとんどありません。

つまりお金の〝ディフェンス知識〟が極端に少ないのです。

なぜか？

それは、これまで、多くの日本人が**「お金の守り方」「お金の使い方」に興味を持ってこなかったからです。**

〝芸〟だけでは生きてはいけない

「芸は身を助く」

かつてはこれが真理でした。能力があれば、お金を稼ぐことができ、お金を稼ぐことができれば、幸せに暮らせました。今でもこう考えている人は多いですし、「能力があればお金が稼げる」というのは、一般論としては間違いではないと思います。

しかし、現代では、どれだけ〝芸（能力）〟を磨き、お金を稼いでも、**お金についての知識がないために、不幸になる人がいます。**〝芸〟だけでは足をすくわれてしまうのです。

ではプラスで何が必要なのか？

この時代に生きる私たちにとって必要なのは**「稼ぐ」「貯める」「使う」「守る」**という お金に関する四つの知識です。

先述の通り、〝稼ぐ〟〝貯める〟という、自分の手元のお金を増やすための知識に目を向ける人は多いです。

〝稼ぐ〟は、フロー（入ってくるお金）を増やすこと。〝貯める〟はストック（溜まっているお金）を増やすことです。お金が増えるのはうれしいことなので、みんなこぞって勉強するわけです。

しかし、一方の〝使う〟と〝守る〟を驚くほどないがしろにしてはいないでしょうか。

言い換えればこれらは、一度手にしたお金を大切にし、有意義なものにするための知識です。客観的に考えてみれば、100万円を得るための、〝稼ぐ／貯める知識〟と、100万円を失わないための〝使う／守る知識〟は同じだけの価値があります。

ただ、感情的にはなかなかそう感じません。自分自身の経験を振り返ってみてもよくわかると思います。

「そんなことはない。私はちゃんと貯金してるし、〝使う〟や〝守る〟にも注意を払っている」

そう思う人もいるかもしれません。

たしかに、貯金する人は、無駄遣いはしないように思います。豪遊をすることもないでしょう。

しかしそれでも、**貯めるためのリテラシーと、使うためのリテラシーは別物です。**

お金と向き合うときには、自分がやりたいことや満足感、将来の目的などを考えなければいけないのです。つまりこれらを考えることは、お金の〝使い方〟を考えることだと言い換えることができます。

〝貯め方〟を知っていても、〝使い方〟を知らなければ、お金はその価値を発揮することができません。

また、〝貯める〟に注意を払っていても、〝守る〟ことはできません。いくら家計を切り詰めるための知識を得て、そのための努力をしても、それは自分の中だけの話です。みなさんのお金を奪おうとする人から守ることはできないのです。

これからみなさんがすべきことは**〝使う〟**と**〝守る〟**を知ることです。これら四つがそろって、ようやく**生き抜くためのお金の知識**が完成するのです。

本書では、この〝使う〟と〝守る〟について、この世の中を生き抜くために重要な、それこそ「命より重い！」といえるかもしれないお金の知識を網羅しました。

第1章では、私たちの人生を決めている〝収入〟について、いくつかの落とし穴を指摘しています。

多くの人が「給料が足りない」と嘆くのはなぜなのか？　その説明として経済学的にはよく知られた、私たちの思考のクセについて解説しています。

第2章では、私たちがどうしてお金を守らなければいけないのか？　帝愛グループの罠のように、私たちから〝合法的に〟お金を奪う社会のカラクリについて説明します。

そして第3章は、大きな変化をむかえている今の日本で、これから最も関心を集めるであろう〝投資〟について解説しました。

「老後の安心のためには1億円が必要」などといわれている超高齢社会で、退職金を投資につぎ込み、破産する人が後を絶ちません。自分の人生を〝ギャンブル〟にしないため、どういう知識が必要かをご説明しています。

第4章は、正しくお金と付き合うために欠かせない「マネー思考」についてご紹介しています。貨幣経済の仕組みから逃れられない私たちにとっては、生涯、生活の基準となり得る考え方です。

そして最後に、経済学的視点で、カイジを救える方法を考えてみました。カイジが戦った命がけのギャンブルから、私が教えられたことです。お金で苦しんでいる人を本当に救えるものは何か。それを考えてみたいと思っています。

お金で〝幸せ〟は買えない
でも、お金で〝自由〟は手に入る

物語の中でカイジとともに、「エスポワール号（希望の船）」[※注2]に乗っていた石田さんは、息子が背負った300万円の借金を返済するために、「ブレイブ・メン・ロード」[※注3]に挑戦し、命を落としました。このとき、もし石田さんが300万円持っていて、借金を返済できていたとしたら、彼は生きていたはずです。

『カイジ』の読者であれば、お金がどれほど大事なものなのか、ストーリーからひしひし感じていると思います。

しかし、「お金は大事」というような話には、決まって「お金で幸せは買えない」「お金よりも大事なものがある」という反論があり、「お金の話をするのはタブー」「欲深い奴《やつ》」というようなみられ方もします。

たしかに、お金を持っていても幸せになれるとは限らない、お金を追い求めたがゆえに不幸になる、という指摘はもっともですし、私自身もそう思っています。

しかし同時に、「お金を持っていれば、身に降りかかる〝不幸〟をある程度回避できる」というのも事実です。

そして、**お金を持っていれば〝自由〟を買える**のです。

カイジが地下の強制労働施設[※注4]に送られたのはなぜか？

お金がなかったからです。

カイジがいつも生死を賭けた勝負をしなければいけないのはなぜか？

お金がなかったからです。

ペリカというのはカイジが借金のカタに送り込まれた地下の強制労働施設で用いられる通貨で、10ペリカ＝1円。施設の労働者たちの給料は、1か月（週休1日）26日間働いて、9万1000ペリカ。つまり、9100円だ。

ロシアの小説家、ドストエフスキーは言いました。

「金は、鋳造された自由である」と。

お金があれば、カイジはいつでも自由の身になれたはずなのです。

お金を持っていても、それだけで幸せにはなれないとは思いますが、だからといってお金なんていらない、お金に無頓着でいいということにはなりません。

お金を持っていれば自由が得られる、お金を持っていることで、防げる〝不幸〟もあるのです。

※注2：違法なギャンブルを行うために帝愛グループが用意した巨大豪華客船。違法賭博をするため、極秘で出航しているが、あれほど大きな船が誰にも気づかれずに海に出られるはずがない。帝愛グループの行動は政府も黙認ということか……。
※注3：日本語に訳すと「勇者の道」。ビルの最上階に取りつけられた鉄骨1本の橋である。ここを命綱なしで渡ることができれば1000万円、途中で落ちれば即死というわかりやすすぎる命がけのギャンブル。
※注4：帝愛グループへの借金が返せなくなった者たちは、地下に送られ、巨大な地下都市の建設に向けて労働させられる。この都市は核戦争が起きたときの核シェルターとして使うらしい。労働者のための「寮」があるが入居者は5段ベッドで寝かされ、食事も粗末なもの

ばかり。

カイジが借金を返せる日は来るのか

「カイジはいつになったらこの生活から抜け出せるのだろうか?」

この問いに対する答えは、**カイジが〝お金〟をどれだけ理解できるか**にかかっています。

みなさんご存じのように、カイジは〝ここぞ〟という場ではとても勝負強い男です。利根川[※注5]を失脚させ、一条[※注6]にも勝ちました。大勝負を前にしたときのカイジはとても勇敢で、頼れる男です。だからこそ多くの読者が漫画『カイジ』にハマり、カイジを応援しているのだと思います。

しかし、難攻不落といわれたパチンコ台〝沼[※注7]〟で勝利した翌日、カイジは手持ちの10万円をすべてフッーのパチンコですってしまいました。

〝ここぞ〟という場だけで強くても意味がないのです。カイジが借金を返し、あの生活から抜け出すためには、勝負強さではなく、お金に対する知識と理解（マネー・リテラシー）が必要なのです。

そして、この本を読んでいるみなさんがカイジと同じ道を歩むかどうかも、みなさんのマネー・リテラシーにかかっています。

ではその〝マネー・リテラシー〟とは一体何か？

具体的にどんなことを知らなければいけないのか？

それをこれからお伝えしていきます。

※注5：元・帝愛グループのNo．2。カイジとのカードゲームに負け、失脚させられる。冷徹だが、発言はいちいち正論で的確。ネットにも〝利根川の名言〟がまとめられているほど人気がある。さすがNo．2である。

※注6：帝愛が経営するカジノの総責任者。まだまだ若手だが、幹部候補として、失敗が許されない立場にあった。カイジとの勝負に負け、地下強制労働1050年間を命じられた。再び一条が地上に戻ってこられる日は来るのか……。

※注7：帝愛グループが運営するカジノの目玉のパチンコ台である。1玉なんと4000円、最低300万円（それでも750発）ないと打つことができない。様々な仕掛けがあり、絶対に大当たりは出ない……はずだった。

第1章

給料が少ない……?
現実を見ろ!

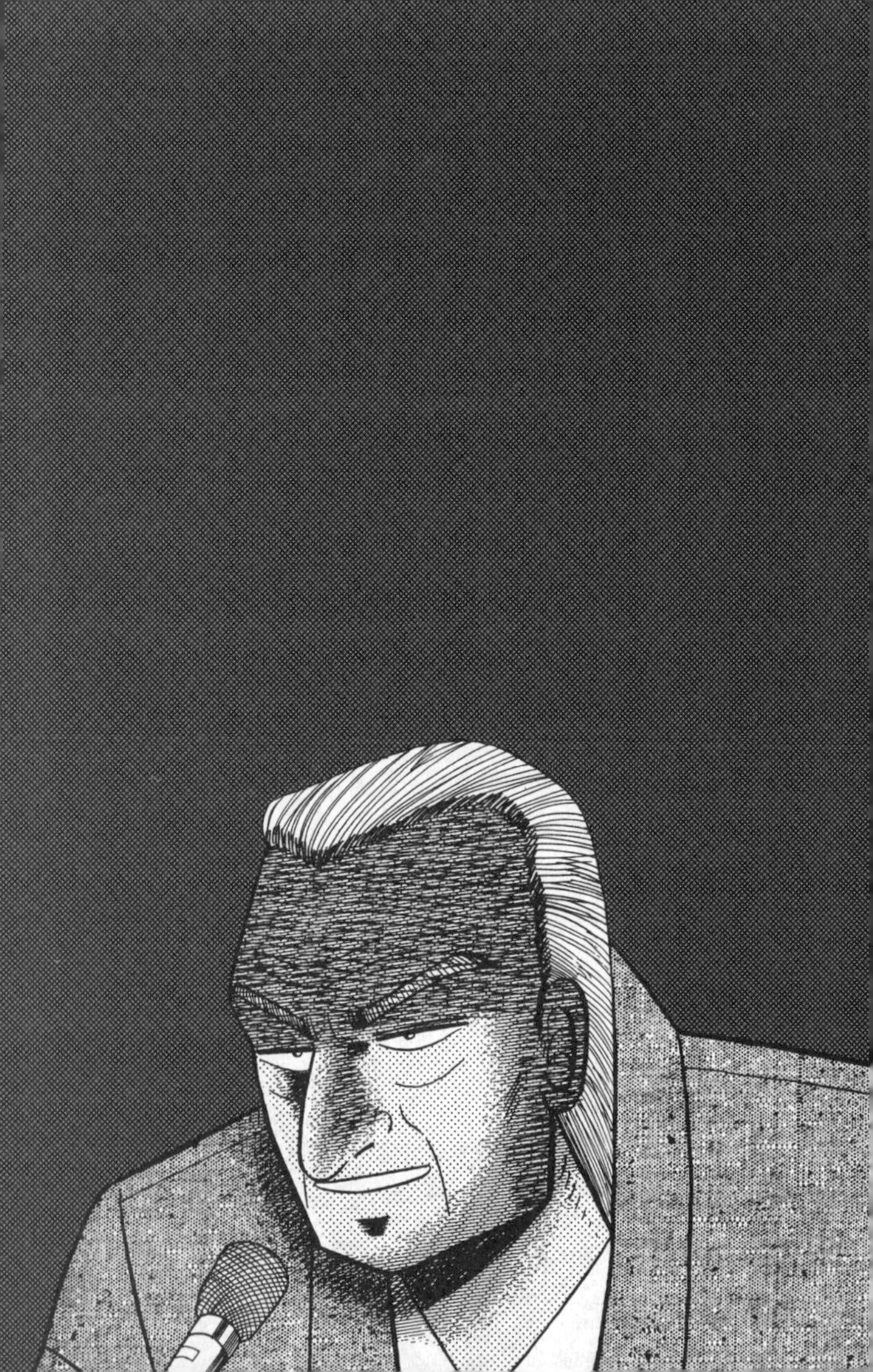

このままでは〝一億総借金時代〟が到来する

「消費者金融からお金を借りて、生活費の足しにします」

消費者ローンを利用している人へのインタビューで、このようなセリフを聞きました。そして、話している人からは〝借金〟という言葉から連想するような、後悔とか自責の念といったものは、まったく感じられませんでした。

ＮＴＴデータ経営研究所が実施した「消費者金融利用者の人物像調査」の結果によると、全体の4割程度の人が**〝生活費の足し〟**として消費者金融を利用していることが明らかになりました。

つまり、何か買いたいものがあり、そのためにお金を借りるのではなく、衣食住という当たり前の生活費が工面できないから借りているというのです。

ここで問題です。

【問題】日本で消費者ローンの利用経験者は、どのくらいいるでしょうか？

①　100人に1人
②　35人に1人
③　8人に1人

正解は、「3」です。数にして1500万人、**じつに全人口の8人に1人が、消費者ローンの利用経験者**なんです（二〇一〇年、日本信用情報機構調べ）。

では続いて問題です。

【問題】複数の金融機関から消費者ローンを借りている多重債務者は、日本で何人くらいいると思いますか？

① 1万人
② 15万人
③ 107万人

正解は、「３」です。１０７万人といえば、二〇一二年の出生数が１０３万人（厚生労働省調べ）ですから、生まれた赤ん坊がすべて多重債務者になってしまうようなイメージです。

さらに、これらの人々の借金が〝生活費〟だったとしたら、返済は極めて困難です。しかも、多重債務者の数は最近、高止まりで、借金地獄に陥った彼らを救う制度は、今の日本に十分に用意されているとはいえません。

そんな状況の中で、世の中では、簡単にお金を借りられるとか、魔法のようにお金が増えるということをうたう怪しげな商売が激増しているのです。

私たちが自分の身を自分で守ることを学ばねば、この風潮に流され、日本人のほとんどが〝気軽に〟借金をする人ばかりの国になってしまうのではないか。私は、そんな懸念を抱いています。

今、私たちの多くは、お金がときには〝命をも奪う〟残酷な側面を持っているということを忘れています。その甘い考えが、誰もがなんらかの形で借金を抱えている〝一億総借金時代〟の引き金になるのではと〝ざわざわ〟するのです。

なぜ借金をするのか？

先述の通り、日本には消費者ローンの利用経験者が1500万人います。

これは、借金ができる20歳以上の人口に対していうと、14・3%です。

なぜこんなにも多くの人が借金をしているのでしょうか？

その理由を探るべく、まずは日本社会の現状を浮き彫りにしていこうと思います。

そもそも本当にお金がないのか？

借金をするということは、お金が足りないということです。

日本は戦後の高度経済成長時代から世界的に裕福な国の一つになりました。中国に抜かれたとはいえ、経済の大きさを示す国内総生産（GDP）は、世界第3位。

しかしそれでも、日本ではおよそ**4世帯に1世帯**が〝貯金なし〟の状態、単身世帯に限っては33・8%、つまり3世帯に1世帯が〝貯金なし〟なのです（二〇一〇年、金融広報中央委員会調べ）。

「うちの会社は給料が安いから、それだけじゃ暮らしていけないんだよ」

「今は不景気だから、給料が安いんだよ」

「デフレが解消しないと、給料だけでは生活できない」

現在、このように感じている人は多いようです。たしかにバブル期のように給料がどんどん上がっていくことはないでしょう。

しかし、だからといって本当に借金で補塡するしかないのでしょうか。

日本の経済の規模からいうと、そんなことは決してないはずだということは、みなさんにもおわかりいただけると思います。

世界でも上位に位置づけられるような裕福な国で、仕事と月々の収入のある普通の国民が、「借金をしないと生活できない」と言っている。

何かおかしいと思いませんか？

「景気がよくなれば、きっと返済できるはず……」

借金をするとき、もしかしたらこう考えているのかもしれません。ですが、景気の上がり下がりに関係なく、今日あなたがする借金は、未来のあなたを確実に苦しめます。それでも、「借金するのは仕方がない」で済ませますか？

日本人の給料は、下がりつづけている!?

数年前からワーキングプアという言葉を聞くようになりました。

ワーキングプアとは、正社員あるいは正社員と同じくフルタイムで働いても生活維持が困難といわれる、〝貧困層〟のことを指します。国によって定義が異なりますが、生活保護の受給額よりも収入が少ない世帯（年収換算で約２００万円程度）、というイメージです。

このような状況の人が日本には今、約７０５万世帯といわれています。

それだけではありません。日本のサラリーマンの平均給料は、1997年では467万円でしたが、2011年では409万円まで下がっています。じつに年収で58万円、**月収に換算して約5万円もダウン**しているのです。

給料が減ったからといって、仕事が楽になったわけではありません。残業が減ったわけでもありません。むしろ、仕事はますますしんどく、労働時間はますます長くなっている人も大勢います。

では、一体何が起こっているのかというと、給料の構造が変わったのです。

日本企業では、これまで給料はこう決まっていた

経済学的に考えると、長い間、日本企業は**〝必要経費方式〟＋〝一生涯保障型〟**で給料を決めていました。

まず、この〝必要経費方式〟とは何かを説明します。

これは簡単にいうと「あなたが生きていき、あなたが明日も会社に来て、元気に仕事をこなすためにはお金が必要ですね。なので、その必要なお金を会社があげましょう」という考え方に基づいて給料の金額を決めるという方式です。

外資系金融機関など、一部の会社では別の考え方で給料が決まっていますが、日本の多くの企業では今でもこの〝生活のために必要な額を渡す〟という方式で給料が決まっています（外資系金融機関は、社員が自分で出した利益の一部を給料として受け取る〝利益分け前方式〟で給料が決まっています）。

多くの日本企業が採用しているこの〝必要経費方式〟。具体的にはどうやって給料の金額が決まるのか説明しましょう。

〝必要経費〟というのは、あなたが労働者として生きつづけるための経費です。

あなたが明日も元気に働くためには、食事をしなければいけません。つまり、食費が必要です。

あなたが明日も元気に働くためには、体力を回復させなければいけません。休む場所（家）が必要なので、住居費が必要です。

あなたが会社に来るためには、服を着て、身だしなみを整えなければいけませんので、そのためのお金も必要です。

その他、月に何回かは、気晴らしのために飲みにも行きたいだろうから、飲み代が必要です。これらが〝必要経費〟です。

これらの経費を、明日も元気に会社に来て働くためにかかるお金と考えて積み上げ、それを1か月まとめて「はい、お給料」と言って渡しているのです。

労働者として明日も元気に働くのに必要だから、その分のお金をもらっている、ということです。ちょうど通勤に電車を使うので、その分の交通費をもらっているのと同じ考えです。

この〝必要経費〟には、社員本人が生きていくためのお金だけでなく、社員の家族（扶養家族）が生きていくために必要なお金も含まれます。なぜなら、自分の子どもが食べるものがないのに、自分だけ栄養補給したから問題なく働ける！　とはいかないからです。

そう考えると、ほとんど仕事をしないオジさんの給料が、なぜ自分より高いのかも納得できます。オジさんには家庭があり、扶養家族がいます。子どもが成長するにつれて、食費も増え、家もそれなりの広さが必要です。学費もかさんでいくでしょう。

それも含めて〝オジさんが生きていくために必要な経費〟です。だから給料がみなさんより高いのです。

これまで日本社会には、伝統的な家族モデルがありました。20代後半で結婚して、30代でマイホーム、40代で子どもが高校や大学に進学する……。年齢を追うごとに、家族にかかるお金が増えていったのです。

だから、給料もそれにつれて増やしていかなければいけません。こうして年齢を重ねるにつれて、仕事ができる／できないにかかわらず、給料が上がっていくのです。

これが**必要経費方式で決まっている〝年功序列型賃金〟**の正体です。

なお、ここでお伝えした給料の構造は、150年前にマルクスが書いた『資本論』という経済学の古典で指摘されている分析です。

産業革命が起き、資本主義経済が登場してから長い時間がたちましたが、マルクスが分析した構造は今でも変わっていないのです。

〝生活費が少なくて済む職種〟は給料が少ない

給料が〝必要経費方式〟で決まっているため、社会通念上〝生活費が少なくて済む〟と思われている仕事は給料が安くなります。

たとえば、こういうことです。

スーパーのレジ打ちの仕事は、これまで主婦のパートさんが多く行っていました。

仮に「スーパーのレジ打ちは主婦の仕事」という通念があったとしましょう。そうしたら、レジ打ちの仕事には〝その人の家賃〟や〝子どもの養育費〟を考慮する必要がなくなり、時給がその分安くなります。というのは、それらは旦那さんの給料の中にすでに考慮されているからです。

また、〝社会通念上、親と同居している人が行う仕事〟があったとします。「あの仕事は、だいたい親元で生活している大学生とかがやっているよね」と思われているような職種です。そうしたら、その仕事の給料には〝食費〟〝住居費〟などの基本的な生活費が考慮されなくなります。だから給料が安く抑えられてしまうのです。

これらが〝レベルが低い仕事〟〝重要でない仕事〟という意味では決してありません。一般的にその仕事に携わっていそうな人が、その仕事の給料の相場を決めている、ということです。

そして重要なのはここからです。

今、経済や労働環境が多様化していく中で、これまで〝一般的に主婦の人たちがやるでしょ？と思われていた仕事〟に、主婦ではない人たちが携わるようになったのです。また、〝親と同居している学生アルバイトの間で流行《はや》っていた仕事〟を社会人もやるようになったのです。

しかし、給料の相場はそんなに早くは変わりません。

新しく〝参入〟してきた人たちも、かつての相場で働くことになるのです。扶養家族がいる人も、親元を離れて一人暮らしている人も、〝かつての相場〟で働いているのです。

ご自身が学生だったときを思い出してください。実家通いだった人のアルバイト収入は、月にせいぜい10万円ではありませんでしたか？　時給800円で7時間、週に5日働いても月に10万円ちょっとです。労働時間と収入だけみれば、まさに〝ワーキングプア〟です。しかし、そのときは〝プア〟ではありませんでしたね。

なぜか？

それは自分で生活費を出す必要がなかったからです。そのときは、実家暮らしのため食費、住居費はかかりませんでした。だから普通に暮らせたのです。

ですが、もし30歳、単身暮らしの人が同じアルバイトをしていたら、即〝プア〟を実感します。給料の構造や体系が変わっていないのに、携わる人の状況が変わるので〝プア〟になるのです。
これが低所得者層が〝プア〟になってしまう理由なのです。

時代の過渡期には給料が減る

日本の企業では、このように必要経費型で労働単価を決めていました。そしてさらに雇用を生涯守る〝一生涯保障型〟で雇っていました。要するに「終身雇用」だったわけです。

しかし、これからの時代、〝非正規雇用〟が主流になっていきます。非正規雇用で働く労働者の割合は、ついに35%を突破しました（2012年9月現在）。**〝非正規雇用〟が当たり前**の社会になりつつあるのです。

私は、これから徐々に〝正規雇用〟と〝非正規雇用〟の区別がなくなっていくと考えています。つまり、アメリカのように仕事があるときには社員を雇うが、仕事がなくなればレイ・オフ（解雇）するのが当然になっていくのです。

ただし、労働の単価の捉え方は変わらないと思います。

給料が〝アメリカっぽくなる〟というと、外資系の金融機関をイメージし、自分が稼いだ金額の一定割合を給料でもらう**〝利益分け前方式〟**を想像するかもしれません。

外資系金融機関では、自分が会社にもたらした利益の一定割合を給料として受け取れる成果報酬が取り入れられているところがあります。

また、一部の日本の企業でも最低保障給料を設けつつ、あとは営業成績に応じて昇給という会社もありますね。そうなれば、実力次第で、労働の時給が上がることも考えられます。

いずれはそうなるかもしれませんが、全体として考えて日本企業の給料体系がそうなるには、まだまだ時間がかかると思います。その前には、**「時給（労働の単価）は変わらず、雇う期間が〝柔軟〟になる」**という期間があります。

つまり、給料自体は、労働者が明日も働くために必要な〝必要経費型〟で支払うのです。ただ、これまでのような〝一生涯保障〟ではなく、〝その場限り型（働いた期間のみ支払う）〟になっていくのです。給料が〝必要経費型〟＋〝その場限り型〟になるということです。

冷静に考えてみるとわかりますが、労働の単価は変わらずに、期間だけ〝柔軟〟になれば、給料は「現状以下」になります。

優秀な人はずっと雇ってもらえているだけで、現状維持です。これまでの制度と比べて、増えるわけではありません。

一方、優秀ではない人は、会社からレイ・オフされ、仕事をしない期間ができるので、収入は減ります。

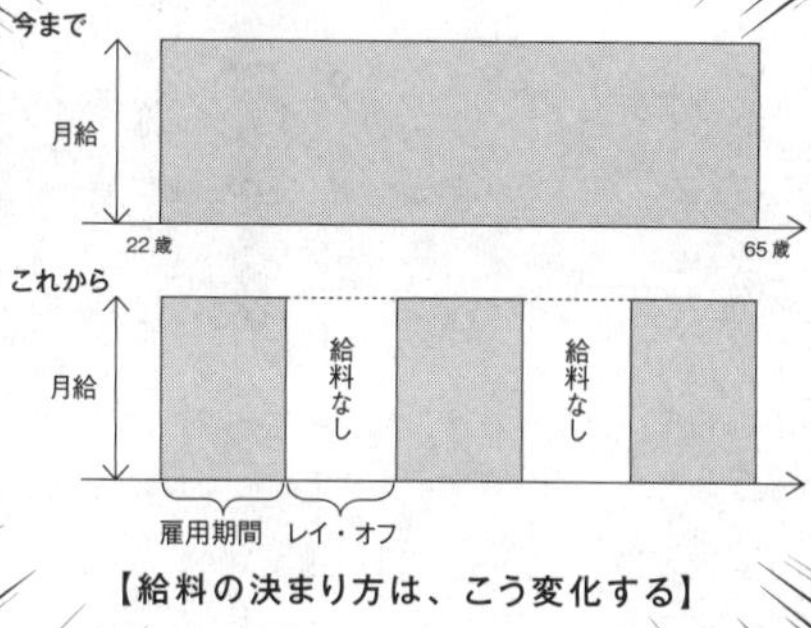

【給料の決まり方は、こう変化する】

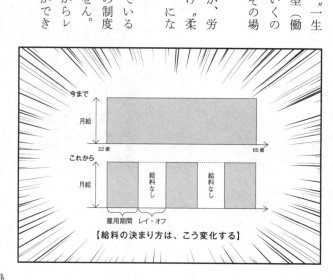

日本では解雇規制が強く、一度正社員として雇ってしまうと、よほどのことがない限り解雇はできません。そのため、〝会社にぶら下がる人（クビにならないことをいいことに、仕事をしない人）〟がいました。

これからはそういう人から順番に、収入が減っていくわけです。かなりシビアですが、これが現実です。「自分だけはなんとかなるだろう」という甘い期待は捨てて、これからの〝現実〟を直視し、対応していかなければいけません。

生活費の借金は、自己責任である

このように、この先私たちの収入が減っていくという前提を確認したうえで、日本人の借金事情に話を戻しましょう。

消費者ローンの利用者の中には、「会社の給料が低すぎて、生活ができないレベルなんです」という人もいるようです。もしその主張が本当だとしたら、その仕事をはじめるときに、どうやって生きていくつもりだったのでしょうか？

「この仕事をしても生活できないけど、誰かからお金を借りればいいか」という計算をしていたということでしょうか？　きっと違うはずです。

もし、1か月働いても生活ができないというのであれば、何か他の問題があるのではないでしょうか。


これまで、親と同居している学生アルバイトや専業主婦のパートとして広まっていた仕事を、一人暮らし&自分で生計を立てなければいけない人がやっていたら、収入が足りなくなるのも当然です。もともと、誰か他の人の収入とセットで生きる前提で、その分しかもらえていないのですから。

そんなとき、「この歳になったら一人暮らしじゃないとカッコ悪い」と言って実家を飛び出してしまうと、大変なことになりますよね。もちろん、いろいろな事情がありますし、自立して生きたいと思う気持ちも大切です。しかし、家を出たからといって収入が増えるわけではありません。

「生活費が足りない」というとき、自分の生活を振り返って、こんな思考に陥っていないかチェックしてみてください。

たとえば、ストレス発散とか、周囲とのかかわりが欲しくてついお金を使いすぎてしまう。様々な事情で給料が減ったにもかかわらず、かつての生活レベルを維持したくてついお金を使いすぎてしまう。

でも、そのような目的で使うお金はもらっていないのです。そういったことは、あなたがもらっている給料の必要経費には計上されていません。

そうしているうちにお金がなくなり、明日の食費がないことに気づきます。「どうしよう……」と深く落ち込んだときに、テレビで消費者ローンのCMをみる。「給料日まであと5日だから、1万円だけ借りて、なんとかしのごう。1万円だったら大丈夫なはず」と考えてドキドキしながらお金を借ります。

必要な手続きを済ませれば、その日のうちに〝キャッシュカード〟のようなものをもらえ、それでお金を〝引き出す〟ことができます。多くの消費者ローン利用者が「お金って、こんなに簡単に借りられるんだ！」と感じるといいます。

なにしろ、カードを入れて金額を入力すれば、いつでも現金が手に入るわけですから、こんな夢のような話はありません。それでどんどん借金をします。

厳しい言い方になりますが、こうして膨らんでいく借金はすべて、自己責任といわざるを得ません。やむを得ない事情があって「あなたのせい」と言い切れないこともあります。でも、それも含めて、私たちには「自分自身を守る責任」があります。

その借金のツケは誰でもなく、自分で払うことになります。それは想像しているよりずっと重く自分の人生にのしかかる。そして誰も助けてはくれません。借金をするということは、そういうことなのです。

自分の借金にもかかわらず、返済できないのを父親のふがいなさのせいにする石田。この後のシーンでカイジは石田を殴りました。多くの人が誰かのせいにしすぎです。僕もカイジと同じ気持ちです。

豪遊！　浪費！
人はなぜお金を使いすぎてしまうのか？

なぜ借金をしてまでお金を使ってしまうのか？

そこには、私たちの思考が大きく関わっています。借金をする、しないにかかわらず、普段誰もがついついしている考え方です。

「借金体質」の人々がどういう思考をしているか。その点について経済学の視点で分析してみましょう。

はじまりは小さな〝顕示欲〟

収入以上にお金を使ってしまう理由をひと言でいうと、それは〝顕示欲〟があるからです。アメリカの経済学者ソースティン・ヴェブレン（Thorstein Veblen）は、**〝顕示欲求を満たすためのみせびらかしの消費〞**について語っています。

つまり、人がモノを買う理由として、「他人にみせびらかしたい」「他人からよく思われたい」という欲求があるということです。

・ケチだと思われたくない
・見栄《みえ》を張って、彼女を高級レストランに連れていきたい
・いいブランドのバッグを持っていたい
・家賃が高くても自慢できる街に住みたい
・携帯は最新機種じゃないと恥ずかしい

これが〝顕示欲〞です。

ヴェブレンがこれを指摘したのは1899年ですが、現代のほうがより顕示欲は強まっているのではないでしょうか？

カジノで手にしたお金で仲間を救うなどし、結局一文無しになったカイジ。「なぜ会いに行かないのか」と尋ねる帝愛グループの人間に言ったカイジの答えは、偉業をなした男とはとても思えぬものでした。

現代では、〝よりよいもの〟が次から次へと登場します。ブランドのバックは1年たってしまえば古臭くなりますし、携帯やパソコンなどのデジタル機器も3か月もしないうちに〝旧モデル〟になってしまいます。

顕示欲による消費は、本当に欲しいから買っているわけではありません。ましてや必要に迫られて買っているわけでもありません。

ここで顕示欲を存分に発揮してしまえば、いくらお金があっても足りなくなることは目にみえているでしょう。

アメリカの研究では、所得格差が拡大したことで、人々が希望する所得水準（欲しい年収）が急激に上昇した、という結果が出ています。

所得格差が拡大すると、自分の身のまわりに自分よりお金持ちで〝いい暮らし〟をしている人が出てきます。そして、その人たちを羨ましく思い、自分もそういうモノを持ち、そういう生活がしたいと考え始めるのです。「もっとお金持ちになれたらなぁ」と感じるようになるのです。

しかし当然のことながら、簡単に自分もお金持ちになれるわけではありません。

ではどうするかというと、貯金を切り崩して生活レベルを上げてしまうのです。さらに借金をしてまで消費をしてしまうのです。

これは日本人にも当てはまります。

他の人の生活をみて、羨ましがり、「自分も欲しい！」「持っていないと負けた気がする！」といって、（本当は）大して欲しくもないモノにお金を使ってしまっていないか、今一度、自分に問いかけてみましょう。

欲望を加速させる〝ご褒美思考〟

給料日になると、意気揚々と買い物に出掛ける人がいます。ボーナスの時期になると、「何を買おうかな」と考え始める人がいます。こういう人の口癖で多いのは、「がんばった自分へのご褒美！」です。

それまで一生懸命仕事をしてきたのでしょう。お金を手にすると「待ってました！」といわんばかりに、自分をねぎらい始めるのです。

感情としては理解できます。しかし、その**〝ご褒美思考〟**があなたの貯金を減ら

給料日に、カイジが豪遊するシーン。たとえ1か月働いて9100円という逼迫《ひっぱく》した状況でも、自分へのご褒美が欲しい。カイジが欲望に負けて泥沼にはまっていく姿に、共感を覚えた人も多いのではないでしょうか?

し、やがては身を滅ぼしかねないということを理解すべきです。

給料日に手にしたお金を「ご褒美だ〜！」といって、パァーっと使ってしまうのは、地下の強制労働施設で給料日に豪遊してしまったカイジと完全に同じです。

「今まで節約してがんばってきたもんな」

「今日ぐらい息抜きしてもいいはず」

「明日からまた節約すればいいや。今日だけ。今日だけ!!」

こうして自分へのご褒美を買っているうちに、この1か月に苦労して稼いだお金を失うのです。

本当に欲しいモノ、必要なモノを買うのであれば、何も問題ありません。ですが、ご褒美思考でショッピングするときには、もはや**〝何かを買うこと〟が目的になっている**ことが多々あります。「何を買おうかな〜」と言っている時点で、それは不要なモノなのです。

働いてストレスを溜《た》め、そのストレスを発散するために働いて稼いだお金を使う。

そのうちお金がなくなるので、またストレスを溜めながら仕事をしなければいけない。

何か変だと思いませんか？

そうやってお金を使っているうちは、一生その悪いスパイラルから抜け出せないでしょう。

「いつまでたってもお金が貯《た》まらない」「いつまでたっても生活が楽にならない」、そう感じている人は、自分が〝ご褒美思考〟になっていないか、振り返ってみましょう。

「将来の見通し」は甘くなりがち

一般の人が、人生で経験するかもしれない最も大きな借金は住宅ローンかもしれません。

その住宅ローンに関して、少し驚くような話を知人の税理士から聞きました。その税理士はこう言っていました。

「夫婦共稼ぎの家庭で、住宅ローンが支払えず破産する人も多いんです。むしろ共働きだから破産しやすいというべきでしょうか」

普通に考えれば、共稼ぎの家庭はより多くの収入があるはずです。しかし、住宅ローンが支払えず破産にいたる人がいる、「共働きだから破産しやすい」というのは矛盾して聞こえます。でも、まったく矛盾していません。そこにはこんな裏があるのです。

共稼ぎの夫婦は、二人の収入を合計して〝自分たちが買える家〟を探します。そして二人の合計収入を基準にして、住宅ローンを組みます。

それが間違いなのです。

あるとき、子どもができて、奥さんは会社を辞めました。そこで一気に収入が減ります。ところが、ローンを組むときに、この事態を想定していなかったのです。その結果、住宅ローンが支払えなくなり、破産してしまうのです。

多くの場合、住宅ローンは35年間で組みます。35年後にやっと返し終わる想定で借り、誰もが「35年間返済しつづける」ことを理解しています。

でも、その間に収入が減ることをどのくらいの人が想定しているでしょうか。〝見通し〟が甘すぎるのです。その結果、他人からお金を借りなければ、生活が維持できなくなってしまうわけです。

「来年はまた給料が上がるから、大丈夫だ」

「あと2、3年すれば、オレも確実に課長に昇進するから、これくらいの出費は問題ない」

「冬のボーナスで一括払いしよう」

私たちはついこのように考えがちです。

想定通りの収入になれば問題ないでしょう。しかし将来のことはわかりません。

このような想定は単なる〝皮算用〟です。

「今まではそうだった」とか「毎年このくらいボーナスが出ているから」といって、それをあてにするのは、「前回宝くじが当たったから、今回も当たると思っていた」と言うのと基本的には同じです。〝見通し〟が甘すぎるのです。

“ワイドショー”の景気予測を信じていいのか!?

これから景気がよくなって、給料も上がるでしょ？

アベノミクスで円安になっているし。株価も上がっているし。

私自身は、アベノミクスといわれる自民党の経済政策には懐疑的な見方をしています。自公政府が手掛けている政策だけでは、日本経済が再浮上するとは思えません。しかし、この本で政策の是非について議論しようとは思っていませんし、アベノミクスに対し期待を抱くのも、否定的にみるのも人それぞれの見方があっていいと思います。

ただ、「これから景気がよくなる」「給料が上がる」と言うのであれば、**自分でその理由を明確に説明できなければいけないと思います。**

アベノミクスのどの政策が、なぜ、どのような理屈で景気を回復させるのか？

それはどのくらいの確率で成功するのか？

そして景気が回復した結果、なぜ自分たちの給料が上がるといえるのか？　自分たちの給料の額はどんな要因で決まっているのか？　アベノミクスの影響で、どの要因が変化するから給料が上がるのか？

それを他人に説明できるくらいまで明確に自分の意見として持っていなければいけないのです。明確に理由が言えないとしたら、国会中継やマスコミの報道を鵜呑《うの》みにしているにすぎないということになります。要するに、「よくわからないけど、まわりがそう言っているから、そうなるんでしょ？」ということなのです。

たしかに、経済政策の是非を判断するには、経済学の知識やビジネスの深い理解が必要です。簡単に判断できるものではありません。

しかし、そうであれば、そのまま「自分はよくわからない」としておくべきです。そして、その先の判断もするべきではありません。つまり「もうすぐ給料が上がるはずだから、ちょっと無理して住宅を買っても大丈夫」などと考えてはいけないのです。

仮に自分のまわりが全員同じ意見だったとしても、自分のまわりの意見が正しいとは限りません。まわりと同じ判断をすることが正しいわけでもありません。

まだ自分自身に見通す力がなければ、「あの人がこう言っているから」ではなく、**「白とも黒とも判断をしない」**という判断こそが、最もかしこい判断なのです。

宝くじの当選者はなぜ不幸になるのか？

これから、所得格差はますます拡大していくことが予想されます。そうなれば、先述のアメリカの例のように、ますます「お金持ちになりたい！」「もっともっとお金が欲しい！」と思うようになるかもしれません。

ただし、今よりお金持ちになっても、満足することはありません。しかも、急激にお金持ちになった人は、逆に不幸になることさえあるのです。

「そんなことあるはずない」

そういう声が聞こえてきそうです。でも、そんなことあるんです。

以前、宝くじで高額賞金に当選した人が、その後どうなったのか、という〝追っかけ記事〟を読んだことがあります。数億円、数十億円、中には数百億円を、一夜にして手にした人がいます。日本でサラリーマンが生涯に稼ぐ金額は3億円といわれていますので、年末ジャンボ宝くじの1等と前後賞を当てれば、その後一生働かずに暮らせることになります。

「仕事をしなくて済んだらどんなに幸せか！」と感じている人からすれば、生涯の幸せが確保されたように思います。

ところが、実際には宝くじなどで高額の賞金を手にした人の多くが、その後すぐにまた元の生活に戻らざるを得なくなったり、破産、自殺にまで追い込まれたりする例も多くみられます。

なぜか？

その理由は経済学の基礎理論で説明ができます。

経済学には〝**限界効用逓減《ていげん》の法則**〟というものがあります。誰にでも、どんなものにも当てはまる絶対的な法則です。言葉としては難しそうですが、理屈としては単純です。

まず〝限界効用〟とは〝そのとき、そのときに感じる満足感〟のことです。そして、〝逓減〟とは〝だんだん減っていく〟という意味です。つまり、〝**満足感はだんだん減っていく**〟ということです。

たとえばこういうことです。

カイジが地下の強制労働施設でビールを1本もらいました。

過酷な労働を終えて1か月ぶりに飲んだビールは〝悪魔的〟にウマかった。

この悪魔的なウマさに負けて、2本目、3本目に手を出し、結局このとき、カイジはビールを4本も買ってしまいます。

ここで考えていただきたいのは、最後に飲んだ4本目のビールも悪魔的にウマかったか？　ということです。

おそらくそうではありません。ウマいことはウマいでしょうが、せいぜい「まぁ、ウマいね」くらいです。

これが〝限界効用〟が〝逓減〟しているという現象です。

1本目に〝悪魔的〟にウマかったビールは、2本目になると〝小悪魔的〟になり、3本目になるとさらに減って〝悪人的〟程度になる。4本目には〝ちょいワル〟くらいになり、「ビールじゃなくて他のにすればよかった」と思うかもしれません。

このようにだんだんと、しかし確実に満足感は下がっていくのです。

この感覚はビール以外にも、すべての事柄に当てはまります。

最初は新鮮でとてもうれしかったことでも、だんだんと満足感は下がっていきます。そして、「もっと多く!」「もっといいものを!」とさらに上を望むようになっていくのです。

同じ満足感を得るためには、もっとお金が必要

満足感が下がっていくにつれて、〝さらに上〟を目指すようになります。もっと

地下帝国でビールを買ってしまうシーン。「買えてしまう」ということが欲望を加速させる例です。

多く、もっと豪華でないと、前回と同じ満足感を得ることができないのです。

幸か不幸か、宝くじに当選した当初は、〝さらに上〟を買うことができてしまいます。

ただ、〝さらに上〟は、〝さらに高価〟でもあります。もっとお金がかかるのです。

1泊10万円のホテルに慣れてしまい、「フツー」と感じてしまった人は、次は、1泊50万円のホテルに泊まらなければ満足感を得られなくなります。

その1泊50万円のホテルにもやがて慣れ、1泊100万円の部屋でなければ自分を満足させられなくなります。

その結果、豪遊はとどまるところを知らず、どんどんエスカレートしていくのです。しかし一方で、お金で〝さらに上〟を実現したとしても、その状態にも慣れ、やがて物足りなさを感じ始めます。

このように満足感が減っていくことは、経済学で〝法則〟として位置づけられている人間の本質なのです。

宝くじに当選した人は、永遠に満たされることのない欲望に自らはまり、当選した金額をすべて使い果たすまで〝上〟を望みつづけるのです。

ここで自分の欲望を止められなければ、結果は一つしかありません。宝くじの賞金を使い果たすまで、豪遊と浪費を続けるのです。こうして宝くじに当選した人も無一文に戻ります。

さらに、ここで止まらずに、借金をしてまで豪遊を続ける人がいます。そして、破産にまで追い込まれ、人によっては惨めな生活になることを苦痛に感じ、自殺してしまうのです。

豪遊に慣れてしまったとはいえ、賞金がなくなれば、かつての生活に戻るだけじゃないかと思われるかもしれませんが、私たちの心はそう簡単なものではないようです。

「楽しい夢をみた」ということで〝現実の世界〟に戻ってくることはできない。

じつはここにも、人間の本性が作用していたのです。

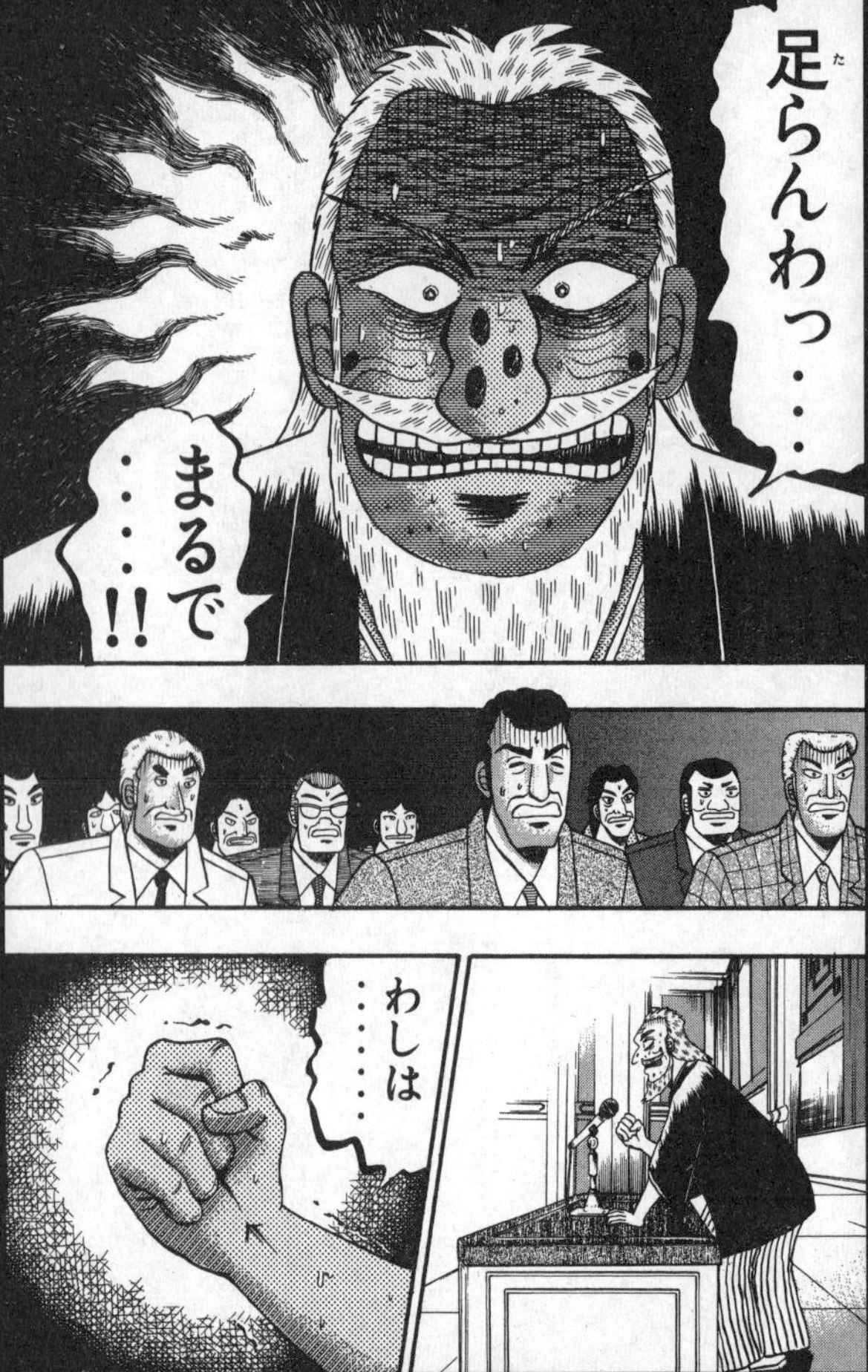

上を望み続けた欲望のなれの果てが「帝愛グループ」の会長である兵藤です。このシーンを読むと、いつもぞっとします。

あなたが無駄遣いを止められない理由

【問題１】

あなたは以前から欲しかった10万円のコートを買いに来ました。売り場で買おうとしたまさにその瞬間、隣町で９万７０００円で売られていることを知りました。さて、隣町まで買いに行きますか？


【問題２】

３５００円の雑貨を買いに店まで来ました。商品を持ってレジに並んでいるとき、隣町でセールをやっていることを知りました。なんと５００円の大特価です。さて、隣町まで買いに行きますか？

さて、問題1と問題2に、それぞれどう答えたでしょうか？

コートは、「隣町まで行かず、今いる店で買う」、雑貨は「がんばって隣町まで行く」と考えませんでしたか？

アメリカで同じような実験をした結果、多くの人が、問題1では「面倒だから、もうこの店で買う」と判断したのに対し、問題2では「隣町まで行く」と回答した人が多かったのです。

じつは、この問いには、重要な示唆が含まれています。

その示唆とは、**「金額が増えれば増えるほど、人は1円を軽んじていく」**ということです。

問題1も2も、節約できる金額は同じ3000円です。しかし、感じ方が違うのです。

3500円の雑貨を買うときには、「3500円が500円になる！この3000円は大きい！」と感じます。しかし、10万円の買い物をするときには、「たかが3000円でしょ?」と感じてしまうのです。

お金を使えば使うほど、1円が〝軽く〟なる

普段、あなたが使うお金の額が増えていけばいくほど、あなたは1円を〝軽く〟考えるようになっていきます。そして、浪費が加速していくのです。

自動車や住宅など、大きな買い物をするとき、人は〝財布のひも〟が緩くなるといいます。

1000万円、1000万円レベルのものを買おうとしているので、そこに数千円、数万円が加わってもなんとも思わないのです。数千万円の住宅を買うとき、数十万円もするガレージの屋根を、大して検討もせずに追加発注したり、内装の壁紙をグレードアップして追加で数万円払うことにまったく躊躇《ちゅうちょ》しなかったり。

ガレージの屋根やいい素材の壁紙が本当に必要なら、問題はありません。

ただ、改めて自問してください。家を買って1年後にセールスマンが来て「ガレージの屋根をつけませんか？　ほんの数十万円でできますよ」と言ったらどう感じるでしょうか？　それでも「たった数十万円でガレージに屋根がつくのか！　それはお買い得だ！」と思いますか？

おそらくそうは思わないでしょう。

数千万円の買い物をしたときなので、数十万円がかなり軽くなってしまっただけなのです。

こう感じてしまうのは、人間の感情としてある意味仕方がないことです。しかし、だからといって、このような考えを自分の中に放置しておいていいかというと、そうではありません。

この感覚に身を任せていると、お金を使うたびに、**〝もっと使うこと〟**が**簡単になり、浪費癖が加速していく**からです。

あなたは、ある日、なんとなく1万円を使ってしまいました。その日は罪悪感や後悔の念を感じることでしょう。しかし、次の日も同じように1万円を散財してしまいました。「またやってしまった！」と思うでしょうが、昨日よりは罪悪感がありません。

それを繰り返していくうちに、どんどん1万円の重みが薄れていくのです。10万円を使ってしまった後は、もはや1万円を節約することに大した意味を感じなくなります。「どうせもうこれくらい使っちゃったんだし。あと1万円くらい同じかな」と思ってしまうのです。

怖いのは、こうして**お金を使っていくうちに、ますます1円、1万円の重みが薄れていく**ということです。そしてますますお金を使いやすく、浪費しやすくなっていくのです。

借金の額が多い人ほど、新たに借金をすることへの抵抗感が弱いのはこのためです。借金が多くなれば多くなるほど、お金がどんどん〝軽く〟なってしまい、どんどん使ってしまうのです。

総額が多いと1円の比重は下がっていきます。総額が10円だったら、〝10％相当〟ですが、総額が1万円だったら〝0・01％〟、100万円だったら〝0・0001％〟です。金額が増えるにつれて1円が軽くなるのは、ある意味当然なのです。

ただ、その感情を放置し、その感情に任せてお金を扱うと、浪費癖は治らないどころか、加速していくのです。そして気づいたときには元に戻れないところまで行ってしまうのです。

高価なモノを身につけ、〝いい生活〟をしている人を羨ましく思い、自分も一生懸命背伸びして、その生活水準まで行く。ただし、満足感はすぐになくなり、〝さらに上〟を目指すようになります。それを繰り返していくうちに、満足感を得られないまま、浪費だけ加速していくのです。

生活水準を下げるのは耐えられない！

収入は変わらず、浪費だけ加速してしまうのであれば、お金を使って〝いい生活〟をしてもいつかは破綻するときが来ます。その破綻への道のりから抜け出すには、生活を元のレベルに戻さなければいけません。

ただ、それは思っているほど簡単ではありません。

なぜなら、**〝参照基準点〟**がすでに変わっているからです。

〝限界効用逓減の法則〟を別の視点からみると、〝その生活レベルや、そのモノを持っている状態に慣れてしまい、当たり前と思う〟ということです。つまり、**自分の中で〝当たり前の基準〟が変わってしまった**のです。

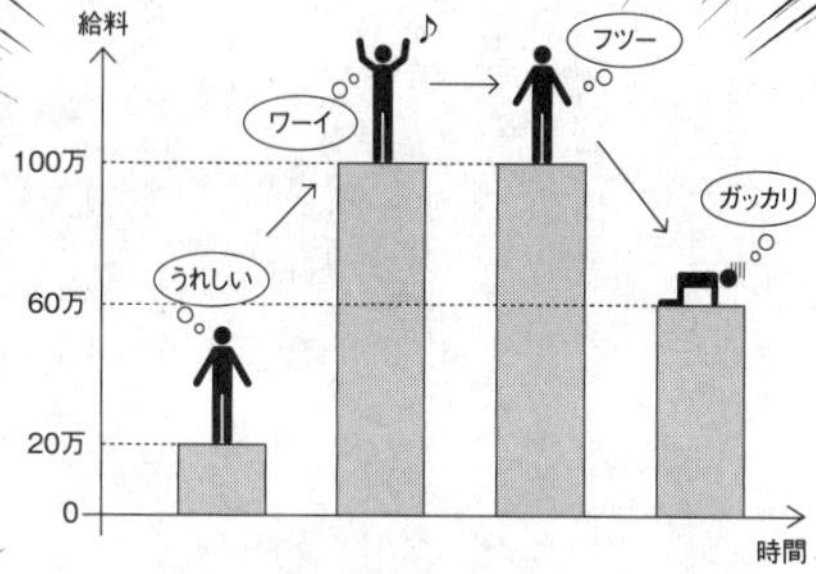

【参照基準点が変わる】

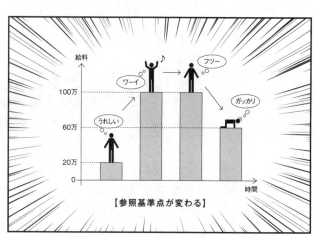

この〝当たり前の基準〟を、経済学では〝参照基準点〟と呼びます。

今自分がいる〝プラス20〟が普通のレベルだとします。宝くじが当たることで〝プラス100〟の生活ができるようになりました。しかし、やがてその生活レベルに慣れてしまえば、〝プラス100〟を普通のレベルと感じるようになるでしょう。参照基準点がずれてしまうのです。

となると、もう〝プラス60〟の水準には戻せなくなります。かつては〝プラス20〟が普通のレベルだったので、〝プラス60〟も〝望ましい生活〟と感じていました。しかし、今となっては〝プラス100〟が基準なので、〝プラス60〟は〝マイナス40〟なのです。

「生活水準を落とせない」

「もはや前の生活には戻れない」

そう感じるのは、このためです。

収入が増えるにつれて生活レベルを上げてきたのであれば、仮に収入が減ったとしたら、本来は生活レベルを元に戻さなければいけません。かつて自分自身が経験していた生活レベルであれば、〝戻る〟だけのはずです。頭で考えれば、それだけの話です。

頭でわかっていても簡単ではない、ということは理解できます。なにしろ、感覚的には、現在が〝普通〟になってしまっているので、過去の生活レベルは〝マイナス〟ですから。その〝マイナス〟になることへの拒否反応は誰しもが感じるものでしょう。

しかし、この拒否反応に勝てず、生活レベルを落とせないと借金地獄にはまっていくことになります。大金を手にした人の中に、自己破産に追い込まれる人がいるのは、生活レベルを落とすことができないからです。お金をどんどん使ってしまい、持ち金を使い果たしても止まらず、新たに借金をしてしまうのです。

このままでは破産してしまうことは、頭ではわかっているでしょう。でも、「わかっちゃいるけど、止《や》められない」のです。

宝くじ当選者でなくても、一度味わった〝贅沢〟から抜け出せず、かつての生活に戻せないため、借金を続ける人は多くいます。

簡単にいうと、これが「あなたが無駄遣いを止められない理由」なのです。

クレジットカードが借金の入り口

ここまで読んでも、「自分は借金なんかしてないし、関係ない」と思っている方が多いと思います。

まともに働かないでギャンブルばかりしているカイジならともかく、自分は真面目に会社に行って働いているし、借金なんてするわけないじゃないか、と。

それでも私は、**「あなたも借金と〝隣り合わせ〟です」**と敢《あ》えて言います。

ここでお話ししたいのは、〝借金〟は、直接的にお金を借りることだけではない、ということです。

最も身近な例を挙げると、**クレジットカードを使っている方も、〝借金〟をしていることになります。**

クレジットカードで商品を買うということは、要するに〝後払い〟にしているということです。つまり「後でその代金を支払わなければいけない」「今はクレジットカード会社に肩代わりしてもらっている」ということです。これは会計的にいえば〝買掛（ツケで買う）〟であり、立派な〝負債（借金）〟にあたります。

買い物した金額が予定通り銀行口座から引き落とされれば、利子はかかりません。そのため、借金をしているという感覚がない人がほとんどでしょう。しかし、銀行の残高が不足していて、カードの支払いができない場合、どうなりますか？ クレジットカード会社は、年率14・6％の金利を上乗せして、あなたに請求してきます。

なぜか?

その買い物代金は、クレジットカード会社に肩代わりしてもらった〝借金〟だからです。

クレジットカードでの支払いは〝借金〟をしているのと同じです。口座にお金があるうちは、何も不便なくカードを利用できます。現金で買い物しても、カードで買っても同じことです。

ですが、引き落とし(返済)が滞った瞬間に、取り立てが来ます。

カードでの買い物で怖いのは、口座残高が足りなくても、モノが買えてしまうところです。たとえ自分の口座にお金がなかったとしても、買い物はできてしまうのです。いってみれば、自分が今した買い物が借金になることに気づかないこともあるということです。

極端に聞こえるかもしれませんが、こんな話をするのは、消費者ローンを利用している人のうち、30%以上の人が〝ショッピングでのローン〟がきっかけになっているという事実があるからです。カードで買い物をしすぎたため、その支払いに充てるために消費者ローンを利用しているのです。

クレジットカードでの買い物が、知らず知らずのうちに借金の入り口になってしまうケースが多いのです。

今やクレジットカードを使っていない人は少数派ですから、裏を返せば〝ほとんどの人が借金と隣り合わせの社会〟だというわけです。

その結果として、日本で消費者ローンを利用している人が1500万人、じつに8人に1人にもなっているのです。

「いい借金」はある？

借金について話をすると、「〝いい借金〟と〝悪い借金〟の違いはなんですか？」と聞かれることがあります。つまり、「どんな場合だったら、借金をしてもいいんですか？」という意味での質問だと思います。ここではっきりお答えしましょう。

経済学的に考えると、個人がする借金は、基本的にすべて〝悪い借金〟ということになります。

個人がする借金とは、つまり、企業の経営や投資のためではなく、普通の消費活動のための借金ということです。

極端なことをいえば、自動車や住宅を買うときも同じです。自動車でも、住宅でも、ローンを組まずに買うに越したことはありません。「大きい買い物だから借金していい」というわけではないのです。

英会話学校に通う学費や、婚活女子が通うエステも〝悪い借金〟です。

「そんなことはない、これは将来のための投資だ。これは〝いい借金〟だ」

そんな反論もあるでしょう。将来への投資で、大きくなって返ってくるということですね。

ですが、〝投資〟というからには、将来いくらになって返ってくるのか、見当がついていなければいけません。

その英会話学校に払った50万円は、将来いくらになって返ってくるのでしょうか？　英語が話せるようになることで（本来は、スクールにお金を払ったとしても、確実に英語が話せるようになるわけではありませんが）、あなたの収入がいくら上がるのでしょうか？　そこまでの算段ができていますか？

アメリカでは、大学に通うための教育ローンでさえ、〝悪い借金〟になりつつあります。アメリカの学生は、大学に通うためにローンを組むことが多いのです。借り入れ額は、一人当たり平均して7万6000ドル（仮に、1ドル＝90円で計算すると700万円程度）。このくらいのお金を払っても大学で勉強して学位を取得することが「投資」として一般的に思われていました。

しかし、昨今の不景気で、大学を卒業しても1割以上の人が職をみつけられない状況だといいます。さらに、ニューヨーク連邦準備銀行によれば、学生ローンの借り手の25％以上が返済期日に遅れているようです。もはや大学教育に投資しても、確実に回収できるとはいえなくなっているのです。

エステも同じです。婚活女子がエステに通いたい気持ちはわかります。しかしそれを〝投資〟と言い張るのであれば、エステに通うことで経済的メリットがどのくらいあるか把握していなければいけません。

「どうしてもあと1年以内に結婚したいんです。そのための投資です！」

繰り返しますが、そのお気持ちはわかります。しかし**将来のリターンが見込めないものは、〝投資〟ではなく〝消費〟です。**高級フレンチを食べて幸せな気分になったり、海外旅行に行って満足するのと何ら変わらない〝消費〟なのです。

〝消費〟が悪いと言いたいのではありません。

〝投資〟という言葉を使うことで自分をごまかし、収入以上に消費することで、日々の生活が〝借金ベース〟になってしまう人が多いのです。そのことに警鐘を鳴らしたいのです。

すでにお話しした通り、日本の給与システム、雇用環境はどんどん変わり始めています。残念ながら私たちの収入は、自然に上がっていくとは考えにくいのが現状です。

その中で、盲目的に〝もっと上〟を求めつづければ、必ず生活が破綻するときが来ます。しかも、**世の中や私たちの思考は、浪費を加速させるようにできています。**

今こそそのことに気づき、真実の豊かさを追求するかしこい消費者になるべきなのです。

コラム　最低賃金を上げたらどうなるか？

一部の識者は、借金をする人が増えている理由を「彼ら／彼女らの所得が少なすぎるからだ」と考えています。そして、「最低賃金を引き上げて、もっと稼げるようにしなければいけない！」と主張しています。

かつての民主党も最低賃金を引き上げるよう働きかけていました。

「お金がないから借金をしなければいけない人たちがいる。その人たちはもっと稼げるようになれば、借金をする必要がなくなり、救われる」

ここまでは、もっともな主張です。しかし、「だから最低賃金を引き上げなければいけない」とはなりません。というよりむしろ、最低賃金を引き上げることは、借金で苦しんでいる人たちをさらに苦しませる結果になる可能性があるのです。

どういうことか？

最低賃金を引き上げるということは、単純に考えるとその人たちの給料を引き上げるということです。企業からすれば、人件費が増えるわけですね。

ただ、企業が支払える人件費は有限で、最初から決まっています。この人件費の予算を従業員がみんなで分け合っているわけです。

ここで、最低賃金が上がったらどうなるでしょうか？　今まで10人で分けていた予算は、最低賃金が上がったので今度は8人でしか分けられなくなります。そうすると、2人あふれます。つまり2人はクビになるのです。

通常、「人件費が足りない。じゃあ重要ポストに就いている人をクビにしよう」とは考えません。

そんなときにクビになるのは、最低賃金で働いている人たちなのです。

運よく、会社内に残れた人はいいでしょう。しかし、クビになってしまった人は、収入がゼロになってしまいます。企業が支払える人件費が決まっている以上、一人ひとりの人件費を引き上げれば、当然雇える人数が減ります。当たり前の話なのです。

結果的に最低賃金を上げた〝しわ寄せ〟を受けるのは、本来手を差し伸べるべき弱者なのです。

第２章

金は、自分で守らねばならないのだ！

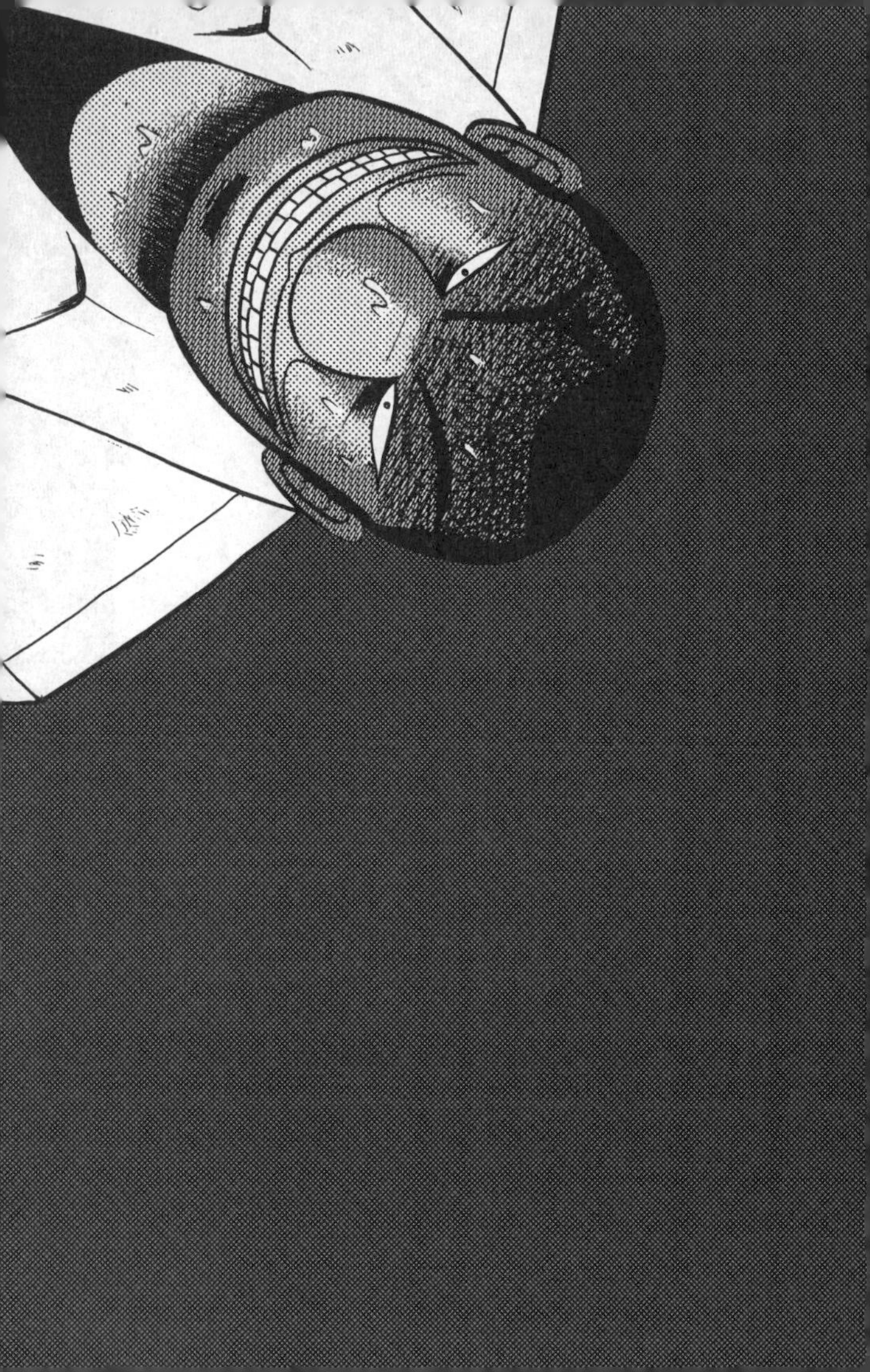

利子の仕組みを知らないと騙される

街中の銀行の前を通ると、たまに外貨預金のポスターが貼ってあります。
たとえば、次ページのようなポスターです。
普通預金の利息は、長らく「ゼロ」ですから、この年利12%は大変魅力的ですね。
この誘いに乗って「今すぐ申し込まなきゃ！」と、契約してしまう人がいます。

しかし、それは拙速です。

この外貨預金、契約する?
〇×銀行
オーストラリアドル
年利12%
（1か月もの）
1口100万円
※手数料 2%

よくみてみると、「手数料２％」という注意書きがあります。このオーストラリアドル預金に申し込むには、手数料がかかるようです。ここを見落としてはいけません。

「いやいや、年利12％だから、手数料で２％くらい持っていかれても仕方ないよね」と考えた方は、カイジ的〝素養〟があります。

というのは「年利12％（１か月もの）」という記載がみえていないか、理解できていないからです。そういう人は帝愛グループの喰《く》いモノにされる危険性が高いといえるでしょう。

これらの意味がわからなければ、実際にこのオーストラリアドル預金をするのが得なのか、損なのかはわかりません。

〝年利12％〟ということは、１年間で12％の金利が付くということです。１００万円預ければ、１年間で12万円の金利が付きます。

「１年間（12か月）で12万円」です。ということは、１か月しか預けなかったら、利子も12分の１で１万円になります。

さきほどの広告をみると、「1か月もの」という表記があります。つまり、この預金は1か月間だけなのです。

たしかに金利は年利12%(相当)付きますが、**預金は1か月だけ**なのです。だから、100万円預けてもらえる利子は1万円だけです。

そして「手数料2%」です。100万円の2%が手数料でかかるということです。

つまり2万円です。

話を整理するとこうなります。

このオーストラリアドル預金に100万円預けると、

利子　：1万円
手数料：2万円

で、差し引き1万円のマイナスになります。

数字が大きくても、実際にそれが儲《もう》かるとは限らないのです。

同じような視点から、もう一つ問題です。

「1日0・1%の金利でお金を貸すけど、借りない？」と言われました。

どうしますか？

「0・1%の金利で貸してくれるところなんてどこを探してもない！　なんていい条件だ！」なんて、思わないでくださいね。

問題は金利の数字自体ではありません。さきほどのオーストラリアドル預金と同じように、**〝期間〟と合わせて考えなければいけない**のです。

1日0・1%ということは、1年で考えればその365倍です。つまり〝1日0・1%の金利〟は、年利は36・5%なのです。年利36・5%は、法律でも禁止されているほどの法外な高金利です。

一見とても低い金利にみえますが、じつは超高金利だったのです。

お金の貸し借りで気にしなければいけないのは、**実際にいくら利子を支払うか**／

もらえるか、です。そしてその利子の金額は、〝金利×期間〟で決まります。

ただその前に、金利は単純に数字だけではなく、それが**〝年利〟**なのか**〝月利〟**、**〝1日当たり〟**なのかがより重要です。

そのうえで、お金を貸す/借りる期間を掛け合わせて利子を計算するのです。

それを考えていないと、

〝年利12％（1か月もの）〟

〝1日0・1％〟

に騙《だま》されてしまうのです。

返済しているのか？　支払っているのか？

借金をすると、月々いくらかずつ〝返済〟していきます。この〝返済〟を繰り返していけば、やがて借金がなくなります。「そんなことは当たり前」と思うかもしれません。

ですが、「当たり前」だから騙される。つまり、悪い条件で契約を結ばされるのです。

どういうことか?

まず、あなたが相手に〝返済〟として渡しているお金には、**〝元金〟**と**〝利子〟**の二つが含まれています。お金には色はついていませんが、今日返済したお金を分類すると**〝元金返済に充てられるお金〟**と**〝利子支払いに充てられるお金〟**に分けられるのです。

いわれてみれば、当然のことかもしれませんね。

しかし、この違いを明確にもっていないために、多くの人が金融機関から不利な条件でお金を借りているのです。

なかなか返済できないようになっている借金の仕組み

あなたが今日支払ったお金は〝**元金の返済**〟なのか〝**金利の支払い**〟なのか、それを知ることはとても重要です。なぜそれが重要なのかを説明するために、まず借金の返済方法についてお伝えします。

借金の返済方法には大きく分けて2種類あります。〝**元金均等返済**〟と〝**元利均等返済**〟です。

〝元金均等返済〟とは、もともと借りている元金を返済期間で均等に割り振り、それを毎月返済していく形式です。まだ借金残高が多いうちは、支払う利息も多くなるため、毎月の返済額は多くなります。

一方〝元利均等返済〟とは、元金と利子を合わせた返済額が毎月同じ額になるように支払っていく形式です。借金の金額と金利、返済期間、月々の返済金額が決まれば、トータルでいくら利息を支払わなければいけないかがわかります。

その利息の合計と元金を合わせて、返済年数（返済月数）で割れば、1か月当たりの返済額が計算できます。

多くの場合、〝元利均等返済〟が選ばれます。このほうが最初のうちは月々の返済額が少なくて済むからです。金融機関の窓口担当者も「こちらのほうが、ご負担が少なくて、よろしいかと思いま

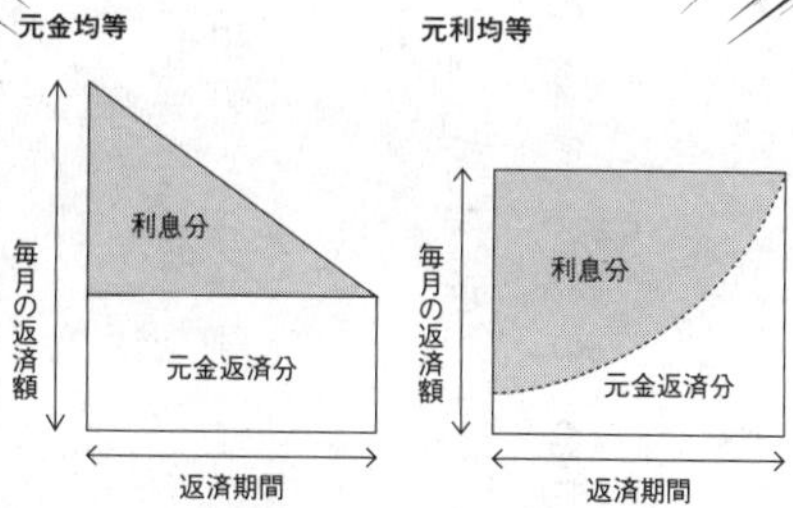

【借り手に不利なのはどちら?】

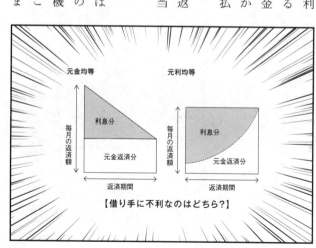

す」と促してきます。しかしここに落とし穴があるのです。

前ページの図をご覧いただくとわかりますが、〝元利均等返済〟の場合、返済当初は、利息分を先に支払っていく仕組みになっています。元金の返済がメインになるのは、随分時間がたってからなんです。

「どうせ払うんだから、名目上、どちらが先だって問題ないのでは？」

そう考えてしまった方は、カイジ的な〝素養〟があります。

「どちらが先だって問題ない」なんて、とんでもありません。元金を先に返済するか、金利を先に払うかには、とても大きな違いがあります。じつは**〝金利を先に返済する〟ほうが圧倒的に不利**なのです。

なぜか？

それは、〝元金が減らなければ、金利がかかりつづけるから〟です。

あなたが金融機関から１０００万円を10年間、年利10％で借りたとします。順調に返済をしていましたが、5年たったところで交通事故にあい、仕事ができなくなりました。ここで返済を一時中断せざるを得なくなりました。

1000万円を10年間借り、5年間返済していたので、感覚的には「半分は返済済み」です。しかし、そうではありません。たしかに期間としては〝半分、返済済み〟ですが、同じように元金が半分減っているわけではないのです。

〝元利均等返済〟では、最初は利子を支払っている割合が大きく、なかなか元金の返済が進みません。5年経過した時点でもまだ378万円しか返済できておらず、622万円が残高として残っています。

そして返済が中断すれば、その期間も返済残高に対して金利が発生するのです。そうしたらまた金利が膨らみ、返済額が増えてしまうのです。

本書の冒頭で、〝100万円を12％の金利で借り、毎月1万円ずつ返済する〟というケースを紹介しました。一生返済が終わらないパターンです。なぜ返済が一生終わらないかというと、**「〝返済したお金〟はすべて、利子の支払いに充てられるお金だから」**です。

「どっちから返しても同じ」ではありません。借金を減らすには元金を減らさなければいけないのです。

単利と複利の大きな違い

カイジが〝沼〟攻略のために、悪徳金融の遠藤[※注8]から1000万円の借金をするシーンがあります。

ここで結ばれた契約は**〝三羽ガラス〟**。

1000万円の返済額は、勝負のついた6日後には、なんと4826万円になっていました。

なぜそれほどまでに増えるのでしょうか？

借金をすれば、金利（利子）をつけて相手に返さなければいけません。一口に金利といっても、借金の金利設定方法には、大きく分けて2通りあります。それが**〝単利〟**と**〝複利〟**です。

遠藤がカイジに“三羽ガラス”の説明をするシーン。この後、契約書を入念にチェックしているカイジの姿に人間としての成長をみて、私はうれしくなりました。

100万円を5%の金利で、3年間借りると想定して、この〝単利〟と〝複利〟の違いを説明しましょう。

〝単利〟とは、もともとの元金にのみ金利がかかる計算方法です。

100万円を5%で借りるため、年間の利息は5万円（100万円×0・05）です。この段階で、返済しなければいけないお金の合計は105万円になります。

2年目も金利が発生します。2年目分の金利は元本100万円×5%＝5万円です。返済しなければいけない金額は、1年目の105万円に2年目の金利5万円を足して、110万円になりました。

3年目も同様に、100万円×5%の利息が発生します。3年目終了時点では、トータルで115万円を支払わなければいけないことになります。

これが〝単利〟での計算です。**もともと借りた金額（元金）にしか金利がかからないというのがポイントです。**

一方〝複利〟は、**発生した利息にも、金利がかかっていきます。**どういうことか、

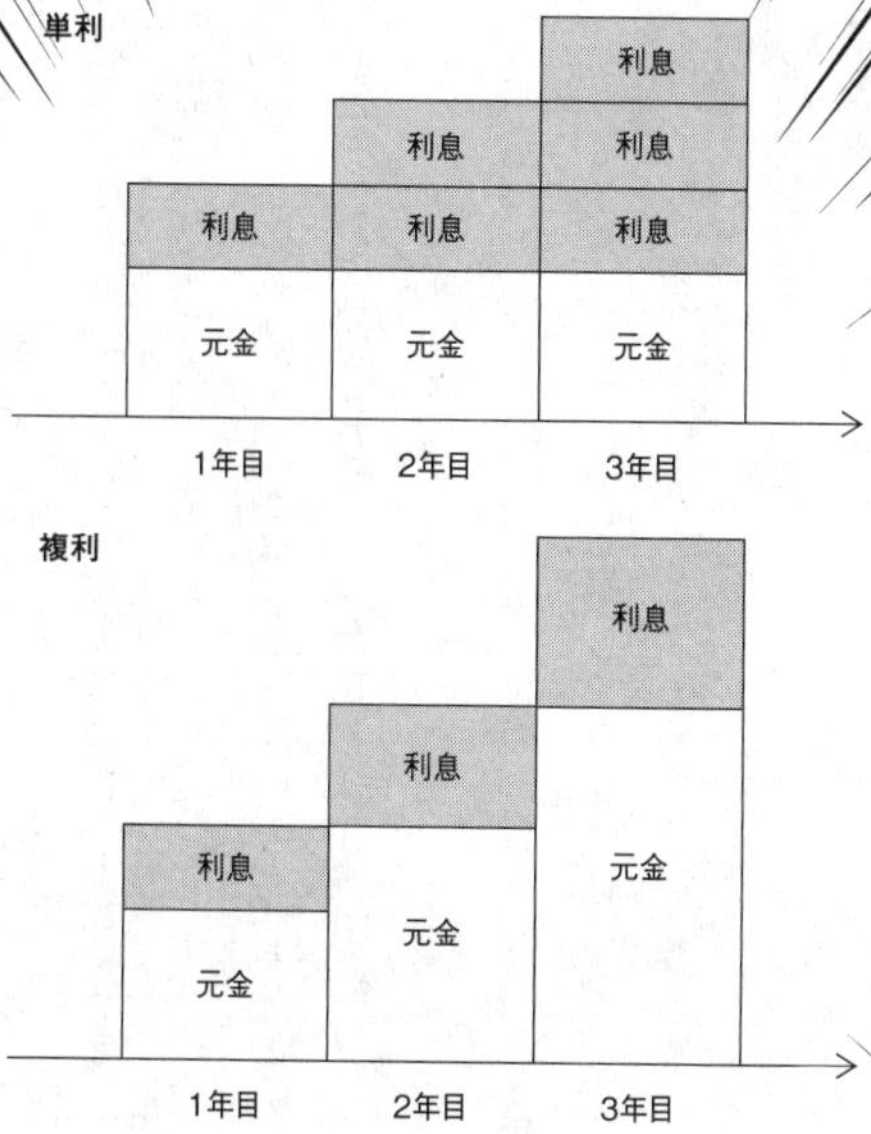

【単利と複利、支払う額の増加率はこんなに違う】

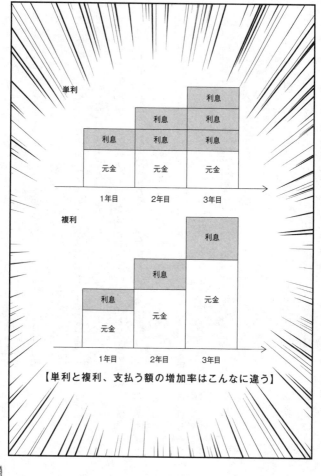

具体的に計算していきます。

100万円を5%で借りると、年間の利息は5万円（100万円×0・05）になります。

この段階で、返済しなければいけないお金の合計は105万円です。ここまでは〝単利〟での計算と変わりません。

ですが、2年目の利息は計算方法が変わります。2年目分の利息は、〝元本100万円＋1年目に発生した利息5万円〟の合計105万円に対してかかります。

つまり、105万円×5%＝5万2500円になります。

そして3年目は、元本100万円に、1年目の利息5万円、2年目の利息5万2500円を足した110万2500円に対して5%の利息がかかるのです。つまり、3年目の利息は5万5125円になります。そして、3年間借りた後に返済すべき金額は、115万7625円になります。

カイジが〝沼〟に挑む際、遠藤から借りた1000万円は、1日で3割（30%）の利子が付く〝三羽ガラス〟でした。これを勝負の日まで6日間借りると、返済額

カイジの借金は増えつづける

返済額の早見表

遠藤金融

	複利の場合	単利の場合
当日	10,000,000	10,000,000
1日後の返済額	13,000,000	13,000,000
2日後の返済額	16,900,000	16,000,000
3日後の返済額	21,970,000	19,000,000
4日後の返済額	28,561,000	22,000,000
5日後の返済額	37,129,300	25,000,000
6日後の返済額	48,268,090	28,000,000

単位：円

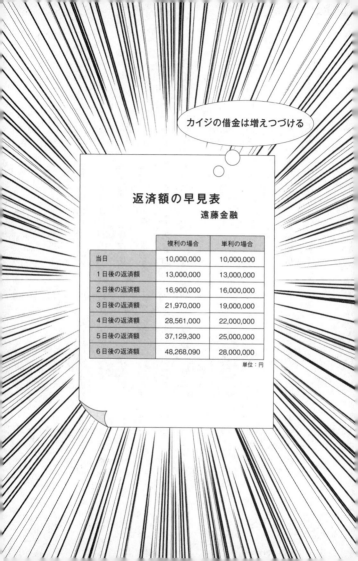

は4826万8090円になります。

ちなみに、同じ利率でも〝単利〟で計算すると、6日後の返済額は2800万円にしかなりません。ここで2000万円以上の差があるのです。〝単利〟と〝複利〟で漢字一文字しか違いませんが、2000万円の差が生まれてしまうわけです。

よくみると、『カイジ』の中では、帝愛グループはすべて〝複利〟で貸付を行っています。これだけ差があることを考えれば、当然かもしれません。

1日30%という超高金利でなくても、この複利の威力を十分に感じることができます。

たとえば、あなたが、毎月8万円を貯蓄し、年利8%の利息をもらう契約で金融機関に預けたとしましょう。ここで、〝単利〟とするか〝複利〟とするかによって、30年後、どんな変化になるか計算してみましょう。

月々8万円を30年間積み立て、年利8%で運用した場合、下の表のようになります。じつに5500万円以上の差が生まれるのです。

かつて、あのアインシュタインが「複利は人類史上最大の発見」という言葉を残したという説があります。実際にはアインシュタインの言葉かどうか不明のようですが、アインシュタインがそう感じたとしてもまったく不思議ではありません。それくらい〝複利〟の威力はすさまじいのです。

※注8：街中にある闇金融業者。一応、帝愛グループの一員でカイジをこの世界に引きずり込んだ張本人。だが、やがて遠藤自身も帝愛グループから借金をし、窮地に陥ることになる。なぜかカイジとは縁が切れず、〝沼〟では協力して戦っている。

※月々8万円を年利8%で運用する

	複利	単利	差額
10 年後	1,464 万円	1,347 万円	116 万円
20 年後	4,712 万円	3,462 万円	1,250 万円
30 年後	11,923 万円	6,346 万円	5,577 万円

【こんなに差が出る単利と複利】

クレジットカード会社は、なぜ〝分割払い〟を勧めるのか？

クレジットカード会社から来るDMをみると、分割払いやリボ払いを強く勧めていることに気がつきます。なぜか？

単純な話で、クレジットカード会社が儲かるから、です。

クレジットカード会社が個人向けに行うビジネスには、

- クレジットカードの年会費
- カードで買ったときの手数料（買い物金額の5％程度）
- カードローン（一般個人にお金を貸すビジネス）

などがあります。

消費者として、クレジットカードを利用する場面で一番馴染《なじ》みがあるのは買い物です。そのため、クレジットカード会社はその買い物時の手数料で利益を稼いでいると思っている人がほとんどかもしれません。

しかし、その手数料ビジネスよりも、**カードローンビジネスのほうが圧倒的に儲かる**のです。クレジットカード会社の売上構成比は、下の図のようになっています。

クレジットカード会社も、消費者金融と同じように、一般個人向けにお金を貸すビジネスを行っています。あなたが持っているクレジットカードでもお金を借りることができます。そしてこの**〝キャッシング（金貸し）〟**の売上が圧倒

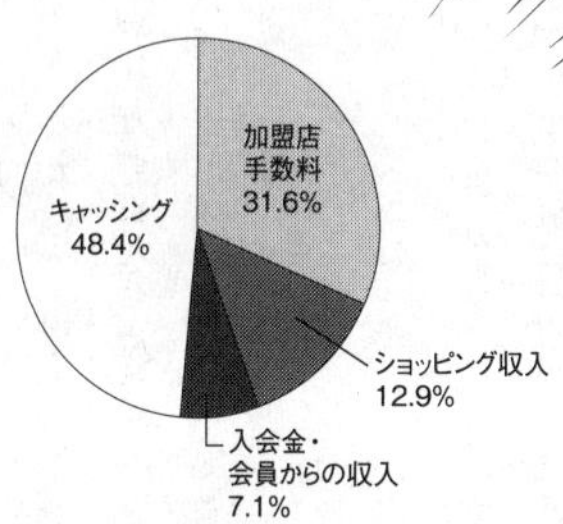

【クレジットカード会社の収入内訳】

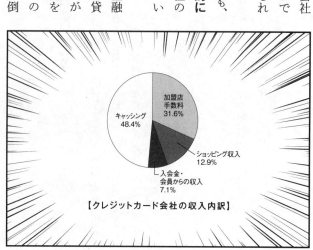

的に大きいのです。

返済がなかなか終わらない⁉ 〝リボ払い〟の罠

ただ、キャッシングは消費者金融から借りるのと同じように、明らかな〝借金〟です。抵抗感もあるので、それほど多くの人が利用するわけではありません。

しかし、クレジットカード会社はもう一つ別のやり方でお金を貸すことができるのです。それが〝リボ払い〟です。

〝リボ払い〟とは、簡単にいうと〝分割払い〟です。

正確には、〝分割払い〟は、その買い物の支払いを何回かに分けて支払うこと、〝リボ払い〟はそのクレジットカード会社への支払いを「毎月○万円だけ」と決めて、支払い終わるまで期間を延長する、という方式です。しかし、支払いを先送りしているという意味ではどちらも同じです。

テレビCMなどで、各クレジットカード会社は、毎月の返済額が少なくなるような〝リボ払い（分割払い）〟を勧めています。「ゆとりを持って返済」「毎月の返済額が変わらないので安心」「リボ払いに変更すると、ポイントが2倍！」などというフレーズで、カード利用者にリボ払いを促しています。

毎月の返済額が減ることは、一見〝借り手にやさしい契約〟のように思えます。しかし必ずしもそうではありません。〝リボ払い〟にするということは、支払うべきお金を先延ばしにしていることです。つまり、その間借金をしていることになります。

毎月の返済額が少なくなればなるほど、返済し終わる日は遠くなります。つまり、借金の期間がその分長くなるのです。そして当然、借金の期間が長くなれば、それだけ利息も高く付きます。

「毎月、同じ金額だけ払っていればいいから、特に気にならない」

以前、テレビの取材でこう答えている渋谷の若者がいました。この若者にとっては、〝リボ払い〟は給料天引きのようなものだったようです。

新たに買い物をしても、リボ払いを選択しておけば、月額の引き落とし額は変わりません。そのため、負担が軽くみえ、「気にならない」のです。

ですが、当然ながら、新たに買い物をすれば、先延ばしする返済額も増えます。今月の返済額は増えませんから、その借金は、遠い将来の自分が払うことになるのです。

利子は、金利×期間で決まります。毎月の返済額を少なくして返済期間が長くなれば、当然支払うべき利子が増えます。自分では意識していなくても、どんどん利子が増えていくのです。

ほとんど利子だけ払いつづけている⁉

怖いのは、CMなどで宣伝されているリボ払いは〝**元利均等返済**〟だということです。返済期間が延びるにつれて、計算上の利子がどんどん増えていくと、どうなるでしょうか？

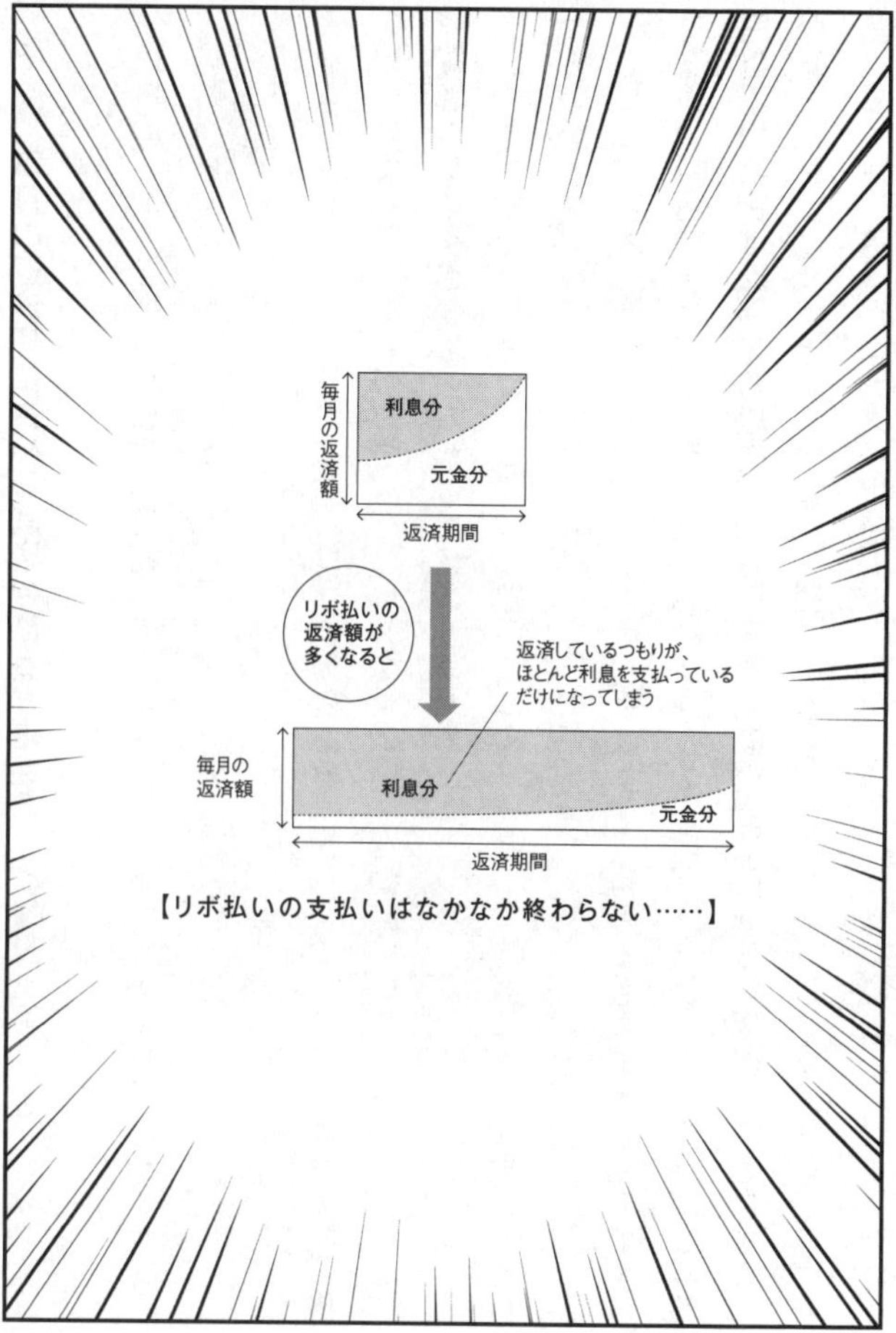
毎月の返済額
利息分
元金分
返済期間
リボ払いの返済額が多くなると
返済しているつもりが、ほとんど利息を支払っているだけになってしまう
毎月の返済額
利息分
元金分
返済期間
【リボ払いの支払いはなかなか終わらない……】

そう。**毎月の返済額に占める利子の割合が増える**、つまり元本の返済がなかなか進まなくなるのです。

さらに、このときの利息は〝**複利**〟で計算されています。より一層、利子が増え、完済しづらくなるのです。まさに泥沼です。

クレジットカード会社からすれば、威力のある〝複利〟でできるだけ長い間、借金していてもらいたいのです。だから〝リボ払い〟を勧めているわけです。決して消費者のためを思っているわけではありません。

消費者金融の利用者は、じつに9割がこの〝リボ払い〟方式でお金を返済していたといいます。

そして、当然返済ができなくなり、借り手は多重債務者の道をまっしぐらです。

それが問題視され、日本貸金業協会[※注9]は2007年に、リボ払いの返済期限を**30万円以下の場合は原則3年以内、30万円を超える場合は原則5年以内**とする自主規制を導入しました。要するに、「長い期間・大きな金額をリボ払いさせないようにした」のです。さすがにマズいと感じたのでしょう。

しかし、クレジットカード会社はこの自主規制の範囲外なのです。

クレジットカード会社は、この自主規制を設けていません。

「いやいや、オレは消費者金融から借金なんてしてないし、多重債務者にはならないよ」という人でも、クレジットカードのリボ払いで破産に追い込まれる可能性があるのです。

※注9：貸金業者をまとめている公的組織である。内閣総理大臣の監督下にあるとか、「強力な自主規制機関」とか、ホームページに説明があるが、文章が難しすぎて、何を目的にしている組織なのか正直よくわからない。

メリットは、いつも金融業者にある

〝おまとめローン〟という言葉を聞いたことはありますか？　消費者ローンのテレビCMでも聞く言葉です。

これは、いろいろな消費者ローンからお金を借りている多重債務者に対し、「弊社が、他社からの借金分を貸しますので、返済に充ててください。そして借金は弊社のみにしましょう」とアピールしているのです。

最初にこのCMをみたとき、1社にまとめることに何のメリットがあるのかよくわかりませんでした。複数社から借りていたお金を1社にまとめるだけでしょ？　返済する相手が変わるだけでしょ？　と。たしかに、返済先が減るのは便利かもしれませんが、それ以外に大きなメリットはあるのかわかりませんでした。

しかし、そうではありませんでした。

借金を借り換えて〝おまとめ〟すると、それまでの金利より安く借りられることがあるようなのです。

A社（金利14・8％）、B社（12％）、C社（13・5％）から借りていたお金をD社で年利10％で借り換える、ということもできるようです（※金利は、業者や、借り手の状況によって様々です）。

これができれば、〝おまとめ〟するメリットがあります。

ただ、借り手のメリットだけで〝おまとめローン〟をそこまでアピールするわけではありません。当然、貸す側にもメリットがあります。

A社、B社、C社から乗り換えてもらったD社は、**新たにお金を貸すことができる**、つまり**儲かる**のです。だから〝おまとめローン〟を宣伝しているわけです。

〝おまとめローン〟にも罠

ここまで聞くと、至極まっとうな商売に聞こえます。消費者ローンという業態や、そもそも年利10%という金利が高いか安いかは置いておいて、利用者も企業も儲かるビジネスを提案しているだけのように思います。

利用者は、〝おまとめ〟できてハッピー、企業も自社のビジネスが増えてハッピーです。

ただ、この中にはブラックなビジネスも潜んでいるのです。

複数の業者からの借金を一本化すれば、当然金額は大きくなります。

消費者ローンの多くは無担保融資ですが、金額が大きくなると担保を取られるケースがあります。ここで担保に入れさせられるのは住宅です。自宅を担保にお金を借りることになるわけです。

それまでは、仮に借金返済が滞っても、取り立てが激しくなるだけでした。しかし自宅を担保に取られてしまうと、返済が滞った瞬間、自宅を取られてしまうことになります。

「それはそうかもしれないが、金利が低くなるので、やはりメリットはある」

そう考えることもできます。しかし仕掛けられている〝罠《わな》〟はこれだけではありません。

不動産を担保に借金をすると、手続きやらなんやらで数十万円の手数料が発生します。ただ、そんな手数料を払う余裕はないでしょうから、D社は、その手数料を借金に上乗せしておくのです。

つまり、**「借り換えた瞬間、借金が増える」**のです。

しかも、「金額が大きいので、無理なく返済していきましょう」と言われ、その気になって返済期間を長くするケースが多いようです。そうなると、それだけ利子が増えることになります。

〝おまとめ〟をすることで、自宅を担保に取られ、手数料と称して借金が増えます。さらに返済期間を長くされる。こうして多額の利子を支払い、D社が儲けるという仕組みなのです。

連帯保証人が破産への入り口

連帯保証人とは、お金を借りた本人と〝連帯〟して借金を返済していかなければいけない人のことです。連帯保証人は、自分はお金を借りていなくても、お金を借りたのと同じように責任が発生します。万が一、借金した当事者が返済をしなければ、連帯保証人が代わって返済をしなければいけません。つまり「借りた本人が返せないのなら、あんたが払え」と言われてしまうのです。

もともとカイジと帝愛グループが〝出会った〟のも、カイジがかつてのバイト仲間の連帯保証人になっていたからでした。連帯保証人は、借金をした当人と同じ位置づけになります。自分は借金をしていなくても、借金をした人と連帯して返済していく義務が発生するのです。

繰り返しますが、連帯保証人は、**借金をした本人と同じ責任が伴います。**もし借金をした本人が返済できなくなったり、どこかに逃げたりしてしまったら、連帯保証人に返済義務が発生するのです。

実際、**自己破産する人の10人に1人は、〝連帯保証人〟になったことがきっかけ**といいます。自分が借金をして、自分がお金を使ったのならまだしも、他人の保証人になって自己破産にまで追いやられてしまったら悔やんでも悔やみきれません。

連帯保証人になるということは、リスクをすべて引き受けるということです。

「友人から頼まれたから」「困っている人から相談されて断れずに……」

このような理由で保証人になる人がいます。

相手と生涯離れず、地の果てまで運命をともにする覚悟があれば別ですが、カイジのように「バイトの後輩に頼まれたから」という浅はかな理由で、保証人になるべきではありません。

そこからあなたの人生は狂い始めてしまうかもしれないのですから。

バイトの後輩に頼まれて連帯保証人に。その後輩が逃げたことを金融業者の遠藤に告げられるシーン。カイジの不幸のすべてのはじまりがここにあります。

さらに怖い根保証

連帯保証契約は、借主と同じ立場で返済義務が発生します。これだけでも非常に怖いことです。しかし、さらに怖いのが**〝根《ね》保《ほ》証《しょう》〟**です。

〝根保証〟とは、連帯保証の一種です。ただ、通常の連帯保証が、〝その回の借金〟のみの保証人になるのに対して、〝根保証〟では、一定期間・一定の融資枠に対して保証することになります。

つまりこういうことです。

消費者金融会社が審査したところ、A氏は１０００万円まで融資を受けられるようです。しかし、A氏は「今はそんなに必要ない」と言い、１００万円の借金をしました。そしてあなたのところに連帯保証人になってほしいと依頼してきました。

あなたは「１００万円だったら、万が一、A氏が払えなくても、自分でなんとかなりそうだ」と保証人を引き受けます。

ところが、もしあなたがしたのが〝根保証契約〟の形態だったら、あなたが保証した金額は100万円ではありません。

あなたが〝根保証契約〟にサインした場合、期間と限度額を決めて、**その期間内であれば、A氏は限度額まで何度も借金ができる**ことになります。最初に借りたのが100万円でも、追加で900万円借りることができます。つまりあなたが保証したのは、最初の100万円ではなく、A氏の〝限度額〟なのです。

案の定、A氏はあなたに断りなく、追加で900万円、合計1000万円の借金をしていました。あなたは1000万円の保証人になってしまったわけです。

実際には、保証する金額の上限を契約で定めることが法律で決まっているので、何も知らずに1000万円の保証人にされる可能性は低いかもしれません。でも、あなたが契約書の内容を吟味せずにサインすると、軽い気持ちで引き受けた借金で、身を滅ぼすことになりかねないのです。

連帯保証人が死亡したら？

ちなみに、連帯保証人が死亡した場合、どうなると思いますか？

じつは保証人が亡くなった場合、**連帯保証人の家族が〝相続〟する**ことになります。家族がそれぞれ法定相続分に応じて、連帯保証債務を負うことになるわけです。

たとえば、夫が１００万円の連帯保証人になっていたとしましょう。この人には妻と子どもが二人いました。この場合、妻は50万円、子どもはそれぞれ25万円の「債務」を分担することになります。

「自分が連帯保証人になっても、誰にも迷惑はかからないでしょ？」

と考えている人もいますが、大きな間違いです。もしあなたが死んでしまったら、家族に負の遺産を残すことになります。あなただけの問題ではないのです。

「保証人になってくれない？」と頼まれたら

保証人になってくれるよう頼んでくる人は、必死に頭を下げてきます。あなたが保証人にならなければ、その人はお金を借りることができず、非常に困るからです。

連帯保証人の責任と怖さを知っていても、友人から必死に頼まれたらなかなか断れないこともあるでしょう。そして断れずに印鑑を押してしまい、結局あなたが借

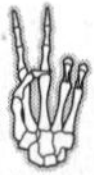

金を肩代わりする羽目になるのです。

どうすればいいのか？〝いい断り文句〟はないものか？

保証人になって、と頼まれたら、その人にこう聞くべきです。

「ご家族は、なんと言っているの？」

調査によると、消費者ローンを利用している人の約7割の人が、誰にも相談せずに借金をしています。つまり、家族も知らない可能性が高いのです。

そもそも、他人（業者）からお金を借りるより、身内から借りたほうが、金利も安いでしょうし（ほとんどの場合、無利子でしょう）、脅迫まがいの取り立てもありません。自分のペースで心穏やかに返済ができるでしょう。

にもかかわらず、外からお金を借りようとしているわけです。理由は「うるさいことを言わずに貸してくれるから」です。

自分の親に借金を頼めば、事細かに事情を説明しなければいけませんし、そのうえで長時間の説教を覚悟しなければいけません。「なぜお金が必要なのか？」「なぜそのお金を自分で貯《た》めておかなかったのか？」からはじまり、「そもそもお前は社会をナメている」「根性をたたき直してやる！」という話まで出てきそうです。
それが嫌なので、消費者ローンを利用するのです。

本当に必要で、本当に返済ができるお金だったら、親族に借金を申し込む際に、それほど負い目を感じる必要はないのではありませんか？　もちろん、負担をかけることになります。しかし、信念を持っている行動であれば、なんとかわかってもらおうとするはずです。

ですが、その人は身内には相談せず消費者ローンに頼った。そして身内ではなく、あなたに保証人を依頼してきた。

「まずは身内に相談してみなよ」

これがあなたの身を守る言葉です。

友人から借金を申し込まれたときも同じです。コンビニに行って「今、財布を持っていないから貸して」なら、問題ありません（それも返さない人もいますが）。でも、友人から大きい金額の借金を申し込まれたら、この話を思い出してください。

友人に借金の申し込みをする人は、おそらく次のどちらかです。

1. 貸してくれそうな人・金融機関などすべてに断られて、もはや友人にしか頼めないくらいお金にだらしない人
2. 恋愛相談と同じようなつもりで、〝気軽〟にあなたに相談してきた人

どちらにも貸したくはありませんよね。

それでも友人に貸すのであれば、「あげてもいいや」というつもりで貸すべきです。それが嫌なら、保証人と同じように、

「ご家族は、なんと言っているの？」
「まずは身内に相談してみなよ」

と言ってみましょう。もしこのひと言で関係が悪くなるようであれば、その程度の関係だったということです。

逆にお金を借りるときも同じです。自分としては「ちょっと貸してよ。そんな大した金額じゃないし、たぶんすぐ返せるからさ」と軽い気持ちで申し込んだ借金かもしれません。しかし相手は深刻に受け止めている可能性が高いです。大した金額じゃないとしても、大切な友人を失うかもしれないということを深く理解しなければいけません。

〝紙〟がすべての世の中

ビジネス上の取り決めは契約書が〝すべて〟です。

どんな口約束をしていたとしても、契約書の記載内容が最優先の効力を持ちます。

お互いの想定がずれていたとしても、契約書に書かれていることが〝正解〟です。

法律に違反しない限り、契約書に書かれていることが絶対で、それに従わなければいけないのです。

「ビジネスでは『紙』がすべて」という言い方もします。つまり実質的に捺印《なついん》された契約書がすべてで、その他には何を言っても、何を約束していたとしても、「紙（契約書）」がなければ意味がありません。

1000万円貸すから契約書を交わせという遠藤に、言われるまま急いでサインをするカイジだったが……。このとき、まったく契約書を読んでいないのが気になった人は、なかなかいい勘をしていると思います。

遠藤は差し迫った勝負の前にも、契約書にサインをさせました。カイジは「こんなときに!?」と言いますが、遠藤からの融資が絶対に必要だったため、またそのお金があれば〝沼〟を攻略できるという自信と高揚感からか、内容をよく確認せずサインしてしまいました。

この場面の6日前、遠藤の事務所では、カイジは念入りに契約書を確認していたのです。今回はよく確認せずにサインしてしまいました。その結果、カイジがどうなったかは、みなさんよくご存じのことでしょう。その契約書には〝10分3割〟と記載されていました。そんな超高金利で融資を受けたため、〝沼〟を攻略して得た1億8937万円のうち、1億2785万円を遠藤に持っていかれてしまったのです。

現実社会では、この〝10分3割〟という金利設定は違法で、いくら契約書があったとしても、無効になります。しかし、だからといってこれを「漫画の世界の話」と捉えてはいけません。現実社会でも、法律の範囲内であれば、契約書が有効なのです。

それまでの打ち合わせでどんな話をしていても、その業界での〝通例〟がどんなものであっても、契約書に書いてあることが絶対なのです。

どんな条件が付されているかも知らずに契約書にサインしてはいけません。

「契約書に書いてあることはフツーのことだから、とりあえずサインだけしてもらえます？」

「みなさん、すぐサインされますよ」

「契約書の中身なんて、どうせ理解できないし、読まなくても大丈夫です」

世の中には、こう言ってくる人が実際にいます。しかし、そんなはずはないのです。どんな場所でも、どんなに急いでいても、契約書にはしっかり目を通し、内容を理解しなければいけません。さもなければ、〝10分3割〟が現実のものとなってもおかしくはないのです。

そして、逆にいうと、契約書がなければ、いくら口で約束していても無意味です。

「明日、この商品を買います。絶対買います！」と言われても、契約書がなければ、まったく意味を持ちません。

「本当にお金に困ってて……。来月必ず返すから、5万円貸してくれない？」

おそらくお金は返ってきません。そして借用書がなければ、お金を貸したことをあなたが証明しなければいけません。銀行振り込みであれば記録が残っているでしょうが、手渡しだったとしたら、証明するのはかなり難しいことです。

要は〝紙〟があるかどうかなのです。〝紙〟こそがすべてです。

コラム 契約書が読めない人は独立してはいけない

私は「独立したければ、その前に契約書を読めるようになっておくべき」と考えています。営業ができれば独立できる、いい商品を企画する力があれば独りでもやっていける、そう感じている人は多いでしょう。

たしかに、独立してやっていくためには、営業力や企画力が重要です。ですが、それだけあれば問題なくビジネスができるかというとそうではありません。

自分に不利にならない契約書を作成することができなければ、また契約書に自分に著しく不利になる内容があったら、それを見抜き、締結する前に修正を依頼できなければいけません。

たとえば、こういうことです。

あなたが〝甲〟、相手が〝乙〟だとして読んでください。契約書に、

「乙は、商品の受領後、60日以内に甲に代金を支払う。商品の品質その他が、乙の定める基準を満たしていなければ、甲は速やかに再納品に応じるものとする。ただし、甲に帰するべき事由により納品が1年以上遅延した場合には、乙は商品代金を支払わない」

とあったとします。

非常に難解な文章ですが、それでもがんばって読んでみてください。

これを読み解くと、あなたが届けた商品が不良品で顧客の要望に合っていなければ、再度ちゃんとしたものを納品する、というだけのように思えます。

しかし、それはあなたの解釈です。

たしかに、届けた商品が顧客が満足しない不良品だった場合、再度お届けするのは当然のことで、お互い善意で取引をしていれば、大きな問題にはなりません。

しかし、この契約は悪用することができます。このような文面で契約した場合、相手は何度でも〝再納品〟を要求することができます。そして、顧客がOKを出すまで、あなたは代金を受け取れないということになります。さらには、相手がNGを出しつづけ、1年たってしまった場合には、あなたは商品代金を受け取れないことになります。

知人・友人との約束であれば、「たぶん、こういうことを言いたいんだろうな」と性善説で解釈します。しかし、ビジネス上の契約書を同じように読んではいけません。

ビジネスの契約書は、契約書案を作成した側が最大限有利になるように書かれているのが通常です。つまり、通常あなたが最大限不利になるように書かれているのです。

どこが不利になり得るか、どこに気をつけなければいけないか、それがわからなければ、いくら売れる商品をつくっても、生き残っていくことはできません。

第3章

知らないやつは、勝負の前に負けている！

投資で稼ぐ？

日本経済の流れからいうと、これから先、**多くの人の給料は減っていきます。**これは時代の流れで、避けることは難しいと思います。「では、給料が減る分、他の方法で稼ごう」と考える人も増えるでしょうし、そういう人向けのサービスや商品も多くなっていくことが予想されます。

「自分には、投資なんて関係ない」と思うかもしれませんが、サービスや商品が多くなり、市場が広がると、自《おの》ずとあなたも投資に関する情報に接触する機会が増えます。

インターネット広告やテレビCMでも「不動産投資」「今こそFX！」「これからは海外投資！」など、投資業者の広告を頻繁に目にするようになりました。

これまで投資に興味がなくても、こう何度も何度も繰り返し「投資」と言われると「ちょっとやってみようかな」という気持ちになるかもしれません。

けれど、知識なしで投資をはじめることほど危険なことはありません。投資は、その道のプロでさえ失敗することも日常茶飯事ですから、素人が昨日今日はじめてうまくいくものではないのです。

この章では、あなたが投資をはじめるその日のために身につけておくべき基本の知識をお伝えしたいと思います。

カイジのギャンブルから学ぶ〝勝負〟の世界

『カイジ』の中には、直接的に〝投資〟は出てきません。

描かれているのは〝ギャンブル〟です。カードゲーム（じゃんけん）、Eカード[※注10]、くじ、チンチロ[※注11]、パチンコ……。すべてギャンブルですね。

ただ、ギャンブルと投資はある一面では非常によく似ています。

株、投資信託、FX、債券取引、不動産。様々な種類があり、儲《もう》けるためにはそれぞれの知識が必要です。

しかし、その根本の構造は共通です。**「1円の支出に対して1円以上のリターンを稼ぐ」**ということです。

そしてこの構造は、ギャンブルと同じです。

ですから、カイジがどのようなギャンブルを選び、どのように勝負していくかを分析することで、お金を増やすために必要な根本的な考え方や、選ぶべき投資、絶対にやってはいけない投資がみえてきます。

「カイジに学ぶ投資の選び方講座」です。

※注10：二人で行う対戦型カードゲーム。ルールは単純で、ジャンケンと同じように、出したカードの組み合わせで勝負が決まる。帝愛が用意しているギャンブルはなぜかどれもルールが超シンプル。

※注11：地下の労働施設の中で行われていた賭博。茶碗の中にサイコロをふり、出た目によって勝敗と倍率が決まる。勝敗は完全に運任せのため、カイジにはやや物足りなかっただろう。……班長がイカサマをしなかったなら。

筋の良いギャンブル（投資）とは何か？

〝ギャンブル〟と一口にいっても、様々です。宝くじやパチンコのような〝身近〟なものから、海外のカジノ、または違法な博打《ばくち》まで。

『カイジ』の中でも様々なギャンブルが描かれていますが、カイジが大勝負をするときに選ぶギャンブルには、ある特徴があります。

カイジは、競馬やルーレット、単なるカードゲームには手を出しません。

カイジが手を出したのは、Eカード、チンチロ、〝沼〟といったギャンブルです

起死回生をはかって、大金の入るギャンブルを探していたカイジ。あるカジノで“沼”という1玉4000円のパチンコ台に出合います。最高賞金は、なんと7億円！

が、これらのギャンブルに共通することが何かおわかりでしょうか。

勝ちやすさ？　ルールがシンプルであること？

どちらもハズレです。

正解を言いましょう。

カイジが大勝負に出るのは、**〝期待値が高いギャンブル〟**です。ギャンブルの〝期待値〟とは、その勝負から儲かりそうな金額のことです。この期待値は、

勝ったときにもらえる金額　×　勝つ確率

で計算します。

たとえば、宝くじの1等のように、当選金額が多くても（1等前後賞合わせて6億円）、1等の4億円が当たる確率（0・000001％）が低ければ期待値は下が

ギャンブル	期待値
競馬	約75円
競輪	約75円
競艇	約75円
宝くじ	40～50円
ロト6	40～50円
ルーレット	約95円
ブラックジャック	96～102円
スロットマシン	92～97円
パチンコ	92～97円

※すべて100円を賭けたときとする

【ギャンブルの期待値】

ります。

一方、サイコロの〝丁半〟は、〝丁〟か〝半〟かのどちらかなので、単純に勝率は50％です。勝率は高いですね。しかし、当たって得られる金額は低いので、掛け合わせるとやはり期待値は低くなります。

ギャンブルとひと言でいっても、ルールや〝遊び方〟の違いだけではなく、期待値を計算すると大きな差があることがわかります。

そして、前ページの表をご覧いただくと、もっとも馴染《なじ》みがある「宝くじ」は、**期待値が最低のギャンブル**だということがわかります。賭け金100円に対して、期待値が40〜50円。平均的には半分以上も損をするギャンブルなのです。

この視点はあなたが投資をするときに活《い》かすことができます。株、投資信託、FX、債券取引、不動産。どれに手をつけるかはあなた次第ですが、どれをやるにしても、まず考えなければいけないのは、この期待値です。

「なんとなく、自分にもできそう」

「管理画面が簡単で、システムが使いやすいから」
というような理由でお金をつぎ込むと〝**勝てない投資**〟にお金を投じる結果になるかもしれません。

さきほどの表をみてパチンコの期待値が想像より高いと感じた方がいらっしゃるかもしれません。パチンコに手を出して一文無しになっている人は多そうです。現に、〝沼〟に勝利した翌日、カイジは1日で10万円を失っています。ですが、実際はそれほど期待値が悪くありません。これはどういうことでしょうか?

その疑問に対する答えは**「回数」**です。

パチンコは1発(1玉)の期待値はそれほど悪くありませんが、「1勝負」が短く回転速度が恐ろしく速いのです。1分間に何発打っているかわかりませんね。つまり、恐ろしく速いスピードで何度も勝負を繰り返しているのです。そのため、期待値はそれほど低くないのに、大損してしまうことがあるのです。

参加費が高いゲームは、勝っても負ける

もう一つ、ギャンブルの〝筋〟を評価するものがあります。それは〝**ゲームへの参加費**〟です。あなたがその賭けごとに参加できるのは、誰かがコーディネートしているからです。つまり主催者（胴元）がいるのです。その主催者はギャンブルの〝親〟となったり、〝取りまとめ〟をしたりします。

ポーカーやブラックジャックなどのカードゲームでは胴元が〝親〟になり、賭けに対峙《たいじ》しています。〝親〟と勝負するわけです。一方、宝くじや競馬・競輪などは、胴元は単なる主催者であり、賭けに対峙しているわけではありません。

しかし、いずれにしても胴元は慈善事業でやっているわけではありません。お金を稼ぐために行っているわけです。そして、胴元の稼ぎは参加者の賭け金から出て

ギャンブル	胴元の取り分
競馬	約 25%
競輪	約 25%
競艇	約 25%
宝くじ	50 〜 60%
ロト6	50 〜 60%
ルーレット	約 5%
ブラックジャック	4 〜−2%
スロットマシン	3 〜 8%
パチンコ	3 〜 8%

【ギャンブルの胴元の取り分】

いきます。**ギャンブルのルールの中に〝胴元の取り分〟が組み込まれているのです。**

この〝胴元の取り分〟は裏を返せば、**ギャンブル参加者からの搾取分**であり、この〝取り分〟が多ければ多いほど、参加者は勝ちづらい、ということになります。

ギャンブルの筋は期待値で計算することができますが、「計算できる」といっても、少し大変です。もっと単純に胴元の取り分をみるだけで、ある程度勝ちやすいか、勝ちにくいかが判断できるのです。

また、日本で行われているギャンブルをまとめると、前ページの表のようになっています。

たとえば、ルーレットでは、色（赤または黒）に賭けることができます。そして当たれば賭け金が倍になって戻ってきます。これだけ考えると、

当たる確率0・5　×　当たったときの賞金2倍　＝　期待値は1倍（賭け金と変わらない）

となるように思えます。これでは、胴元は儲かりませんね。

しかし実際は違います。ルーレットには「0」と「00」があり、これは〝緑色〟です。「0」「00」にボールが止まったとき、赤への賭け金、黒への賭け金を胴元がもらえます。

これが胴元の取り分になるのです。ちなみに、ルーレットで、何色の何番にボールを落とすかは、ディーラーが100％コントロールできます。練習してそれができるようになっているのです。偶然「赤の3番」に落ちたのではありません。「次は赤の3番にしよう」とディーラーが決めているのです。


このように、胴元の取り分はゲームのルールに組み込まれているのです。

また、宝くじの場合は、ルーレットのように細かい設定はいりません。宝くじの販売金額を100億円としたら、賞金の総額が45億円になるように、最初に設定すればいいのです。

あとは宝くじの券が100億円売れるように、CMをバンバン流せばいいのです。

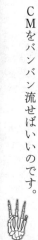

というより、そもそも宝くじの胴元の取り分が異常に高いことにも注目すべきですね。宝くじはそもそも〝勝ちにくいギャンブル〟で、宝くじを買うことは、競馬をやるよりも分が悪い勝負なんです。

投資もまったく同じです。

投資もギャンブルと同様に、〝胴元〟がいます。株式投資や投資信託であれば証券会社、FXはFX業者が〝胴元〟として、あなたがゲームに参加できるようおぜん立てをしています。そして当然手数料を取りますね。

ギャンブルで胴元の手数料が高ければ参加者が勝ちづらくなるのとまったく同じように、投資でも胴元の手数料が高ければ、それだけで勝ちづらくなります。

たとえば、投資信託は、投資した金額の2%程度を〝管理手数料〟として支払わなければいけません。ということは、投資そのものから2%以上の利益が出ていなければ、あなたは損をすることになるわけです。

投資用マンションを買おうとしているのなら、実際に買う前に、〝胴元〟がどれくらいの手数料を取っているか調べてみるべきです。

考えてみれば当たり前ですが、多くの方が見落としているポイントでもあります。
もちろん、〝参加費〟だけで投資の善し悪《あ》しが決まるわけではありません。しかし、高い参加費を払っても、なお勝てるかどうか？　のチェックは怠ってはいけません。

賭け金が2倍になる投資をやりませんか？

ここに、賭け金が2倍になる投資があります。しかも一瞬で。
一瞬で、100万円が200万円になる投資。どうですか、投資しませんか？
このような投資案件があったら、どうしますか？

架空の話ではありません。現実にこのような投資案件をみつけることは難しくありません。というより、みなさんはすでにこの投資案件をご存じです。

もう一度伺います。投資しませんか？　投資金額が2倍になりますよ！

いかがでしょうか。少し意地悪ですが、もしあなたが「投資する」と答えたとしたら、非常に危険です。

なぜなら、あなたは賭けごとで一番大事なことがみえていないからです。

賭けごと、ギャンブル、投資で一番大事なこと、それは〝リスク〟です。

ちなみに、この一瞬で2倍になる投資とは、さきほども紹介したルーレットです。ルーレットでは「赤または黒」「奇数または偶数」に賭けることができます。そして見事に予想が当たれば、賭けた金額の倍を手にすることができます。しかし、賭け金が2倍になる投資であると同時に、半分以上の確率（ルーレットには「0」と「00」があるため）でハズレてお金を失うことになります。〝リスク〟が高いのです。

リスク管理が生死を分ける

ギャンブルに限らず、ビジネスや投資をするときには、どうしても儲け（リターン）にばかり目がいってしまいます。

もちろん、儲けるために行うことであればリターンを意識しないわけにはいきません。しかしそれ以上に必要なのは〝リスク管理〟です。

この場合の〝リスク管理〟というのは損をする範囲を知り、損する範囲を限定することです。

つまり、最大どのくらい損をするか、をコントロールするということです。そして、その負けをコントロールできないものは避けなければいけない、ということなのです。

この点を考慮すると、地下で行っているチンチロと〝沼〟はまったく種類が異なる勝負だということがわかります。

〝沼〟は1玉4000円のパチンコ台です。1玉4000円ですから、100万円

出しても250発しか買えません。あっという間に大金を失う可能性があります。

一方、チンチロはそれほどの短時間に大金を失うことはありません。

改めて説明しますと、チンチロとは、サイコロを同時に3つふり、出た目によって勝敗が決まるアナログなギャンブルです。ゾロ目だと強い、数が大きいほうが強いなど、ルールも単純です。賭け金は、通常「2万ペリカ（2000円）」までで、1回の勝負で大負けしたとしても数千円しか失いません。

では、〝沼〟のほうがギャンブルとして、リスクが高いのか、さらにはリスク管理が難しいのかというと、そうでもないのです。

たしかに〝沼〟では数千万円を失う可能性があります。というより、ほとんどの人が持ち金をすべて飲み込まれてしまうでしょう。しかし、持ち金以上負けることはありません。軍資金がなくなれば、それで打ち止めで、それ以上は打たせてもらえません。**〝持ち金全額＝最大の損失〟**なのです。

しかし一方のチンチロは、**持ち金以上に負ける**可能性があります。チンチロは出た目によっては〝負の役物〟といって、賭けた金額の何倍かを支払わなければいけません。

賭けた以上に損失が出てしまうこともあるのです。また、チンチロは〝親vs子〟の勝負です。そして賭け金を決めるのは〝子〟です。〝親〟はその金額を受けて立つしかないのです。

そのため、自分が想定している以上に大負けをする可能性が十分にあるのです。そのような負け方をしてしまったのが班長の大槻です。彼は、手持ち現金の金額をはるかに超えて合計１８００万ペリカ（１８０万円）を失いました。

〝沼〟とチンチロ、制御不能な状態に陥る可能性が高いのは、チンチロなのです。

カイジはこのリスクを見抜いていました。

最初にチンチロに参戦したとき、「流れがわからないうちに（リスクが大きい）親は引き受けられない」として、親をパスしています（ただし、その後考えを変え、親を受けて、班長に「五ゾロ」（この目は3倍払い）で打ちのめされてしまったの

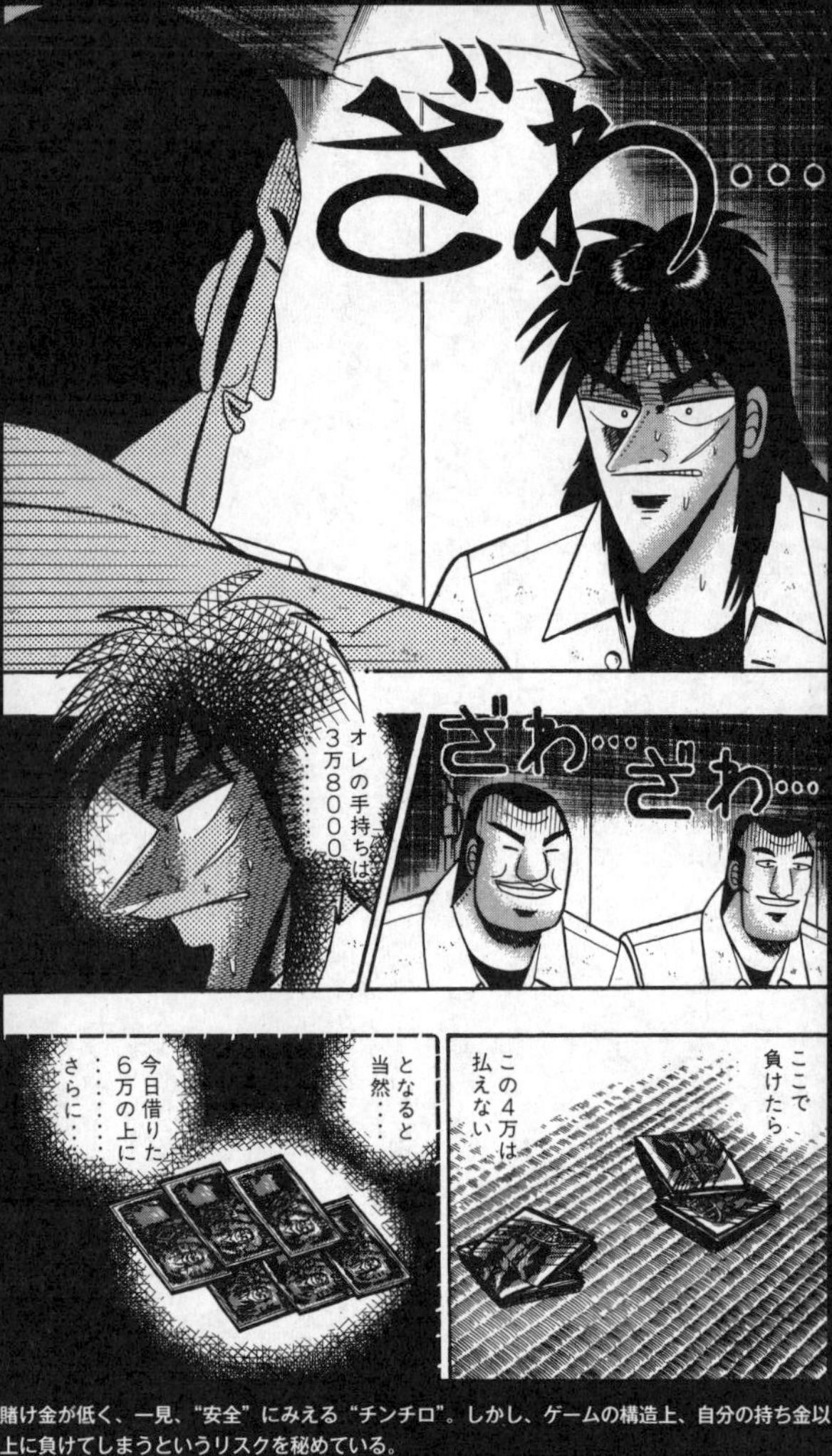

賭け金が低く、一見、"安全"にみえる"チンチロ"。しかし、ゲームの構造上、自分の持ち金以上に負けてしまうというリスクを秘めている。

です）。

致命的に負けて再起不能になってしまうのは、自分の行動／投資のリスク管理ができていないからです。「これは最大でどのくらい損が発生する可能性があるのか？」を知り、「その損失を減らすことはできないか？」を考えること、それが投資の大原則です。

詐欺師の話を信じ込んでしまう構造

「世の中においしい話などない」と誰もが〝理解〟しています。しかし、毎年毎年多くの人が詐欺の被害にあっています。

警察庁の発表によると、２０１２年に認知された振り込め詐欺の被害額は、前年

比27・1%増の161億6277万円で、3年連続で増えました。件数は2・7%増の6401件で微増、しかし1件当たりの平均が272万円で27・7%増と、大幅に「高額化」しています。

振り込め詐欺は、社会的にも〝知れわたった手法〟です。それでもなお、これだけの人が騙されてしまうのです。

本書の読者の多くはまだ〝オレオレ詐欺〟のターゲットにはされない年代だと思いますが、儲け話を装った投資詐欺などには狙われるかもしれません。

疑いが晴れると、逆に強く信じ込む

「この投資は絶対損をしないんです」

「500万円を預けていただければ、3年後に1000万円になります!」

「絶対儲かる未公開株のご紹介です」

このような誘い文句で、あなたのお金を奪おうとする人がいます。

最近の〝流行り〟は、未公開株をネタにした投資や、世間で話題になっているキーワードにかこつけた投資の勧誘のようです。

未公開株とは、まだ上場していない企業の株式のことです。上場したときに、株価が大幅に上がる可能性があり、未公開株を持っていると儲かることがあります。

かつて日本中を騒がせた〝リクルート事件〟も未公開株に関する事件でした。これから上場するリクルートの関連会社（リクルートコスモス）の株を不正に取引したのが、リクルート事件です。上場すれば値上がり間違いなしだった株を、賄賂として政治家に渡した、とされています。

この事件は贈収賄として、一大スキャンダルになりましたが、やはり未公開株は儲かる（可能性が比較的高い）のです。そこを突いての詐欺が後を絶ちません。

また、震災後は「グリーンエネルギー関連事業に投資しませんか？」、京都大学の山中教授がiPS細胞の研究でノーベル賞を受賞した後は、「今話題のiPS細胞を扱っている会社のご紹介です」などと言って、あなたのお金を引き出そうとするのです。

「絶対儲かる」「今が旬だから、これを逃したらチャンスはない」「あなただけにお伝えする情報です！」と言いますが、普通に考えて、そんなうまい話はあるはずがありません。

冷静に考えれば、誰でも「なんか怪しい」と感じるでしょう。しかし、結果的に騙される人が後を絶たないのです。

もちろん、最初は多くの人が疑ってかかります。

しかし、だからこそ、悪徳業者は〝トーク〟を磨いてきます。

疑っている人をトークで信じさせるだけの話術をもって、あなたに近寄ってくるのです。そのトークを聞くと、「最初は怪しいと思っていたけど、いい話に思えてきた」と感じてしまうのです。

この手の儲け話は、「お金が欲しい」という人間の欲求を突いてきます。

もともと人間には〝おいしい話〟を好み、そんな話があれば飛びつきたいという願望があります。しかし、知性と疑いでそれを抑えているのです。

カイジの言うとおり、このあと帝愛グループの一条は、見事に足をすくわれます。「相手の思惑を見破っている」とか「自分だけは騙されない」という自信が、結局は一番の落とし穴になるのです。カイジ、ブラボー！

そして、営業マンのトークで、自分が抱えていた〝疑惑〟が消えると、「もはや疑うところはない」「ついに自分もおいしい話にありつけるようになった！」と感じてしまうのです。

疑いは、一旦晴れると、今度は逆に〝強力な接着剤〟として機能し、まわりの人がなんと言おうと、どんな警告が発せられようと、なかなか考えを変えることができなくなります。

だから、詐欺被害はなくならないのです。

〝うまい話〟は経済学的に、あり得ない

『カイジ』の世界をよく知っているみなさんが、仮にこのような場面に遭遇した場合、「そんなにうまい話などない」と冷静な判断ができることでしょう。けれど、「なぜ、そう言えるのですか？」と返されたとき、あなただったらうまく答えられるでしょうか。

「そりゃ、世の中そんなに甘くはないでしょ？」というような感覚的な返答しかで

きなかったとしたら、ちょっと危ないかもしれません。

経済学の原則を知っていれば、「うまい話などない」ということが理論的に理解できるようになります。

〝うまい話〟とは、苦労せずに大金が手に入るということで、要するに〝リスクがなく、リターンが大きい〟という話です。

ただ、経済学的に考えると、これはあり得ない状態です。なぜなら**〝利潤率低下の法則〟**が働き、**リスクとリターンはやがてつり合う**からです。

どういうことか説明しましょう。

仮に〝うまい話〟があったとします。たとえば〝確実にヒットする商品A〟があるとします。そんな話が実際にあれば、多くの人がその商品を仕入れ、販売したいと思うでしょう。

たしかに、商品Aはヒットしました。そのため、一部には実際に商品Aの販売代理店になって、儲かる人がいます。

しかし、商品Aがその後も変わらず売れつづけるかというと、そんなことはありません。

商品Aを売っている人が一人しかいなければ、お客さんはその一人に集中します。

しかし売っている人が二人に増えれば、一人当たりの売上は半分になります。

三人に増えれば、売上は三分の一になります。


このように、その〝うまい話〟が世の中に広まるにつれて、一人当たりの売上&利益は減っていくのです。

どこまで減るかというと、「それだったら、他の商売やるのと変わらないなぁ」というところまでです（経済学ではこれを〝利潤ゼロの状態〟といいます）。


経済学では、規制や独占などがない限り、すべてのものは長い目でみるとこのような状態に落ち着く、とされています。そうなるのは資本主義経済の本質で、避けられないのです。

儲け話も例外ではありません。**すべての儲け話、すべてのビジネスは、やがて「他の商売と変わらない」というところまで、うまみが落ちるものなのです。**

それは、あなたに持ちかけられた話も同様です。

あなたに持ちかけられた話が、詐欺でなく、実在する商売だったとしても、濡《ぬ》れ手で粟《あわ》という状態にはならないのです。


とはいえ、実際に儲かった人がいて、成功事例を聞かされると「やっぱり自分もこの話に乗りたい」と感じてしまいます。そのときに考えていただきたいことは二つあります。

一つは、**「なぜ相手は、その話をあなたに持ってきたのか？」**です。

先述のようにあらゆる儲け話は、規制や技術的な制約がない限り、世の中に広まっていき、やりたい人が全員できるという状態になります。そうなると、うまみはなくなります。

逆に考えると、世の中に広まる前であれば、まだうまみはあるわけです。ですが、ここで考えるべきことは、「なぜ自分に、そのうまい話が来たか？」です。

信頼できるビジネスパートナーから聞いたのでしょうか？

大金を払って、その情報を買ったのでしょうか？

鶴やスズメを助けた恩返しとして、もらった情報なのでしょうか？

話が広がれば、商売のうまみはなくなります。これは経済学の鉄則なのです。にもかかわらず、相手はあなたにその商売を紹介しようとしています。なぜか？

その相手が自分一人でやれば、利益を独占できるはずなのに、なぜわざわざあなたに紹介するのか？

あなたが逆の立場だったらどうしますか？　間違っても、見ず知らずの他人に電話をかけ「絶対儲かる案件があるんですけど、一緒にやりませんか？」とは言わないはずです。

あなたが見ず知らずの人、もしくは関係が薄い人から声をかけられたとしたら、その理由は、〝あなたをハメるため〟だと疑うべきです。

リターンが大きいのは、リスクも高いから

ただし、情報がいきわたった後であっても、大きく儲かるチャンスがある場合があります。

それは、〝リスクも大きい場合〟です。

リスクが大きければ、リターンが大きくても、手がける人が少なくなります。その結果、大金を手にするチャンスは残るのです。

しかし、〝リスクが大きい〟のです。自分のお金を失うこともあります。場合によっては、身体の危険がある場合もあります。

世の中には、開発中の薬の効果を確かめる〝バイト〟があります。決められた場所に行って、決められた薬を飲み、あとは寝ているだけです。これで2日か3日で10万円くらいのお金がもらえると聞きます。2、3日の短期間に、しかも寝ているだけで10万円もの大金をもらえるのは、とても〝うまい話〟です。ですが、同時に〝リスク〟もあります。

公になっている〝バイト〟ですから、即座に死にいたる危険があるとは考えづらいです。しかし、100%安全ともいえません。なんらかの副作用、後遺症が残る可能性も否定できません。〝リスク〟が高いのです。

一夜にして大金を手に入れるために、カイジたちはブレイブ・メン・ロードに挑戦します。そのときに利根川がカイジたちに言ったセリフがこれです。

「おまえらのように継続した努力ができぬ輩は本来大金なんて夢のまた夢……」

「それでも手に入れたい……どうしても手に入れたい……となったらこれはもう…

…命を張る以外ないっ……！」

リターンがあれば、必ずそれとセットでリスクがあります。リターンが大きいのに、リスクが小さければ、多くの人が「オレも！　ワタシも！」とやり始め、うまみがない話になります。そしてやがて、その小さいリスクに見合うだけの〝小さい

帝愛グループの幹部、利根川の名ゼリフ。

リターン〟になっていくのです。

リターンが大きいのは、リスクも大きいから。これが経済学の大原則なのです。

コラム　安いものにも裏がある

「世の中おいしい話はない」というのは投資に限ったことではありません。「このインターネットサイトでは誰でも商品が安く買える！」というような、〝おいしい話〟も基本的にはあり得ません。というより、〝裏がある〟と言ったほうがいいかもしれませんね。

みなさん〝ペニーオークション〟をご存じでしょうか？

これは、ネットオークションの一種です。表示上の開始価格や落札価格が通常のオークションに比べると安く、場合によっては商品の定価の何十分の一の価格で落札できたりもします。しかし、入札するたびに手数料がかかる仕組みになっています。入札するたびに手数料がかかり、安いからどうしても落札したい！　とがんばって、競って何度も入札を繰り返していると、手数料の支払いが高額になることが多いのです。

また、最終的に落札できなかった場合でも手数料は支払わなければいけません。手数料だけ損をすることになるのです。

オークションというより、当たりが１枚しか入っていないくじを、有料で引いているようなものですね。

オークションの参加者が、これを知ったうえで、であればいいのですが、そうでなければ大変です。「ヤフオクよりも安く落札できるサイトがあるらしい」と飛びついてしまうと、大ケガをすることになります。

このペニーオークションの問題は２０１２年の年末に大きく報道されました。有名なタレントが、自分のブログなどに「このサイトで商品を落札した」と虚偽の書き込みをしたり、「こんな安く買えた～　超ラッキー　みんなも使ってみて」などと誘導したからです。

書き込みをしたタレントさんのうち、中には問題のサイトから「広告料」

を受け取っていた人もいたようです。その倫理性は非難されてしかるべきです。

ですが、オークションの参加ルールが明記されており、各自がそれに同意して入札していたのであれば、参加者の自己責任も問われるべきです。「あの人が『いい!』って言ってたから」というのはなんの言い訳にもなりません。あなたを守るのはあなたしかいないのです。

マネー・リテラシーがないと、人生がギャンブルになる

他人のお金で〝効率よく〟稼ぐ？

以前『金持ち父さん 貧乏父さん』（ロバート・キヨサキ著）という本が、世界的に大ベストセラーになりました。

この本は、資産運用の考え方を説いた本で、「不動産を持って、不労所得を得るべき」という主張が繰り返されています。

私もこの本は大好きで非常に影響を受けました。ただ一つ、〝危なっかしい方法〟が書かれているとも感じています。

「他人からお金を借りて、不動産を買え」というような主張がされているのです。

「自己資金だけで不動産を買っていてはスピードが遅い。もっと早く資産を築くために、銀行からお金を借りて、それで不動産を買いなさい」と書いてあるのです。

たしかに、他人のお金を借りて、不動産を買うことができれば、自己資金が少なくても収入を得ることができます。

ただし、それは〝**儲かる不動産をみつけることができる人だけ**〟です。

著者のロバート・キヨサキ氏も語っていますが、投資には練習が必要です。損をすることは当たり前で、そこから学んで再度立ち上がり、だんだん投資のプロになっていくのです。

不動産投資の素人は、〝儲かる不動産〟をみつけることが難しいでしょう。最初はうまくいかず、損をする確率が高いはずです。

私が〝危なっかしい〟と言っているのは、素人が他人のお金を借りて不動産を買ったら、**自分の資金だけでなく、他人のお金も失ってしまい、多額の借金を背負**

うことになるからです。

たとえば1億円で買った投資用マンションが〝価値0円〟になってしまったとしましょう。全額自己資金で出しても、他人からお金を借りていたとしても、損失額は1億円です。

ただし、全額自己資金で出していた人は、1億円の損失に耐えることができます。自分のお金がなくなっただけで、借金を抱えるわけではありません。

しかし、自己資金だけで買うことができなかった人はどうでしょう？

自己資金1000万円、銀行から9000万円借りてこのマンションを買った人は、9000万円の借金を抱えることになります。

「もともと1億円用意できないため、銀行から融資を受けていた」のであれば、9000万円の借金を返すことは非常に困難になるでしょう。

他人のお金を借りて勝負を仕掛ければ、自己資金以上のリターンを得る可能性があります。

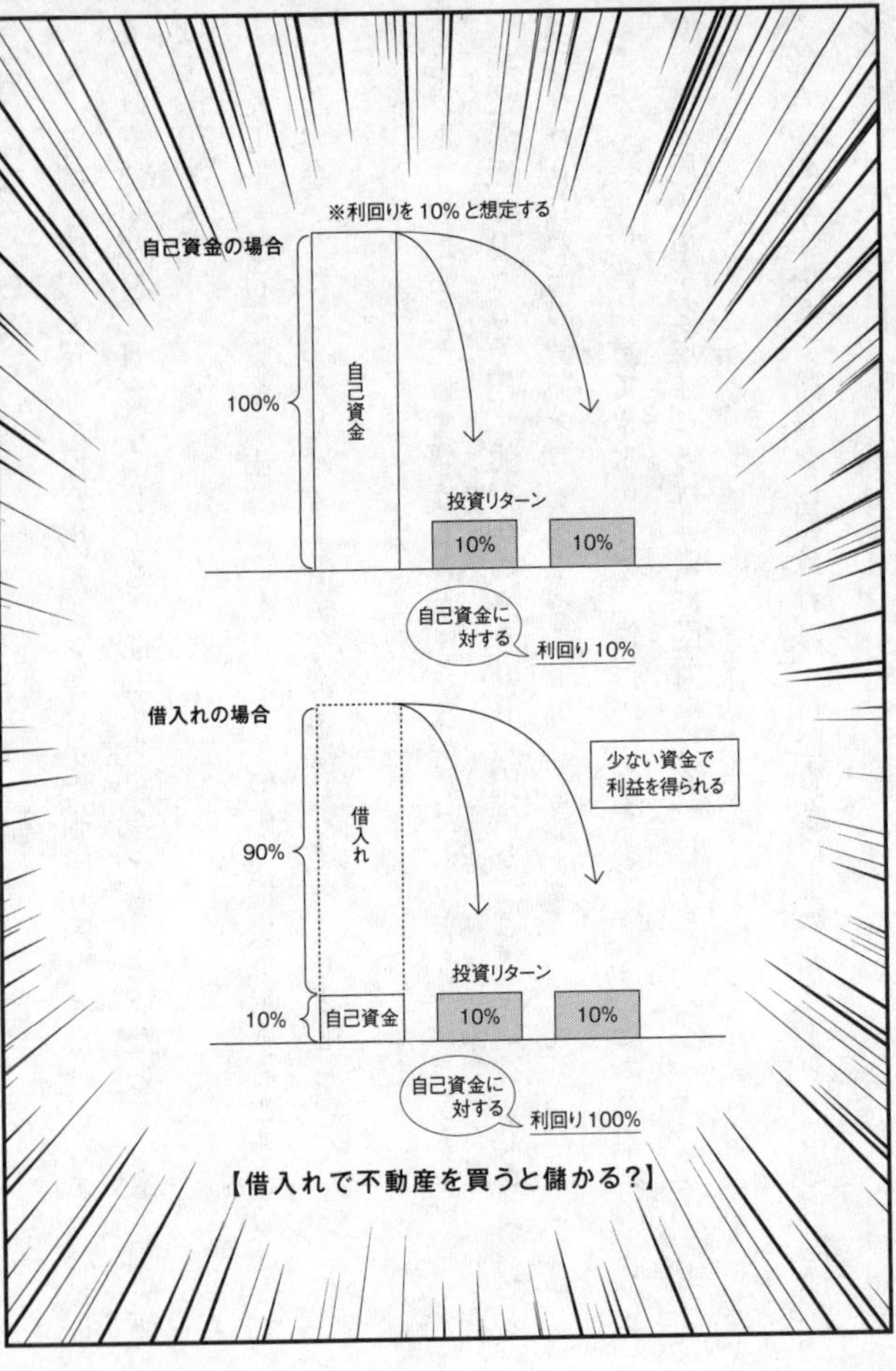
※利回りを10%と想定する
自己資金の場合
100%
自己資金
投資リターン
10%
10%
自己資金に対する
利回り10%
借入れの場合
少ない資金で利益を得られる
90%
借入れ
10%
自己資金
投資リターン
10%
10%
自己資金に対する
利回り100%
【借入れで不動産を買うと儲かる?】

ですが反対に、自己資金を大きく超えて損をすることもあり得るのです。

〝効率よく〞大きなリターンを狙えば、同時にリスクが膨らむことをも理解するべきです。そして、そのリスクが現実になったときに、どのように自分が対処するのかも準備しておかなければいけません。

コラム「その損を取り戻せますよ！（オレに手数料を払えば……）」

投資詐欺に引っ掛かった人のリストは、悪徳業者の間ですぐに出回ります。

そのため、一度詐欺に引っ掛かった人の家には、毎日のように別の〝投資案件〞の勧誘電話がなり、ＤＭが届きます。

しかし、一度詐欺に引っ掛かった人に持ち込まれるのは、それだけではありません。

悪徳業者の中には「あなたが失ったお金を取り戻せますよ！」と味方を装う輩《やから》もいるのです。親身に相談を受けるフリをして、「一緒に悪い奴《やつ》をやっつけましょう！」と持ちかけてきます。そして、相手に信用してもらったところで、「じつはちょっと手数料がかかってしまうんです」などと話を出します。

詐欺にあった人も「お金を取り戻せるのなら」と考え、ついつい〝手数料〟を支払ってしまうのです。これでまたお金を取られてしまうわけです。

第4章

圧倒的勝利を呼ぶ、マネー思考を身につけろ！

借金は、未来の自分から借りるお金である

借金をすれば、利子を支払わなければいけません。この事実は誰もが認識しているでしょう。

レンタカーを借りたらレンタル料を払うのと同じように、お金を借りたらその対価として、レンタル料を支払わなければいけません。

実際に、経済学でも「利子はお金のレンタル料」という教え方をしています。

しかし、それでは、借金の本質を見誤ります。

つまり、こう考えていただきたいのです。

今、借金をすると、将来、自分の手持ちの現金から返済することになります。**借金とは、将来の自分の収入からの前借り**に他ならないのです。

ただし現実には、将来の自分から借りることはできません。

したがって形式上、他人から借りていることになっていますが、実際には将来の自分から前借りしているのです。

借金を〝前借り〟とみると、まったく別の捉え方になります。そして、借金というものがより深刻なものにみえてきます。

利子は〝手数料〟

経済学に〝現在割引価値〟という考え方があります。

これは、将来のお金を現在の価値に調整して（割引して）考えると、いくらになるか？　という意味です。たとえば、1年後の100万円は、現在の価値に直すといくらになるか？　ということです。

これを理解するために、まず「現在の100万円は、1年後にいくらの価値にな

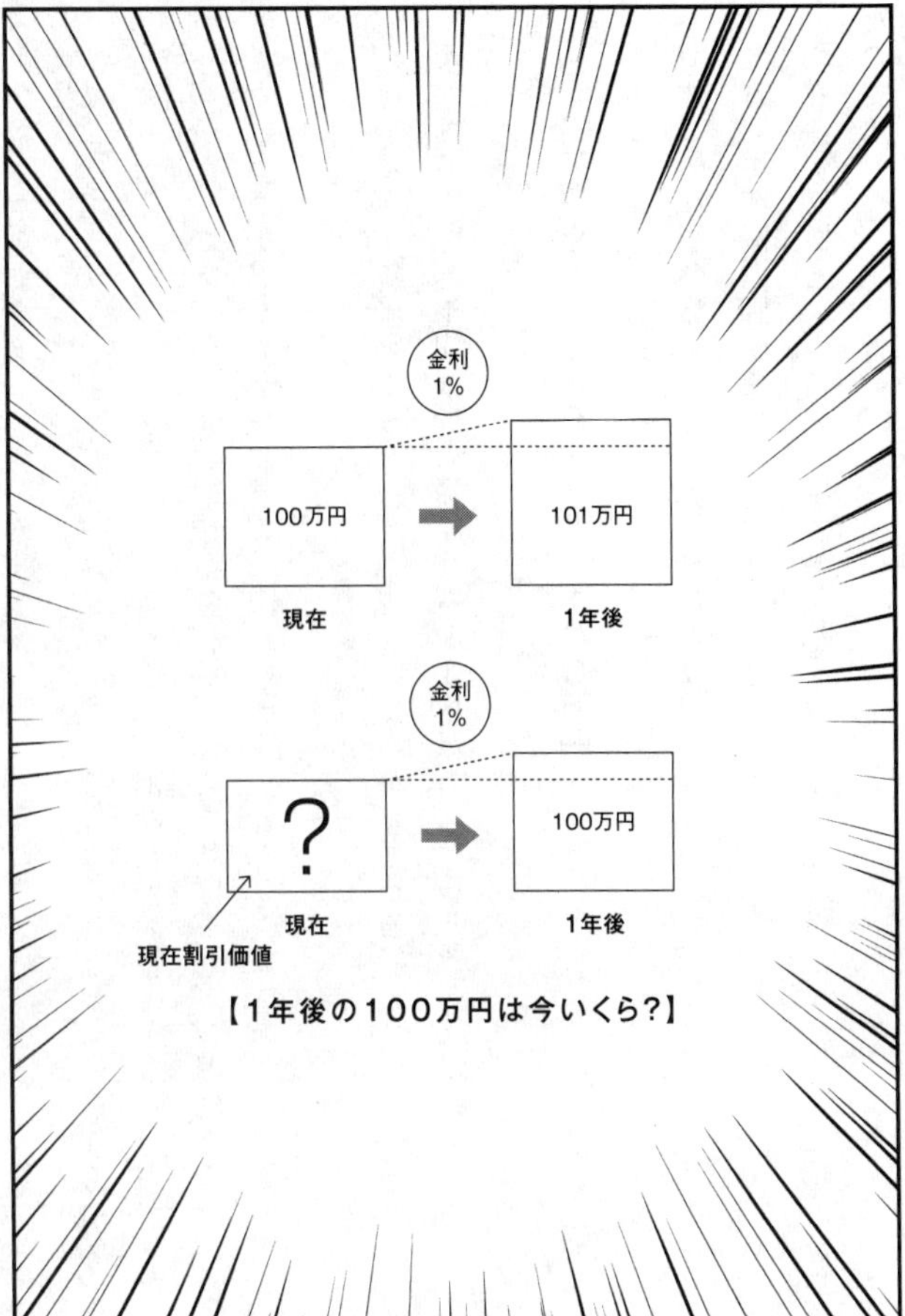
金利
1%
100万円
101万円
現在
1年後
金利
1%
?
100万円
現在
1年後
現在割引価値
【1年後の100万円は今いくら?】

るか？」を考えます。

あなたは100万円持っています。特に使う予定がなければ、その100万円は銀行に預けるでしょう。とすると、1年後にはあなたのお金は100万円ではなく、利子の分だけ増えていますね。預金金利が1%であれば101万円になっているはずです。つまり、1年後の価値は、利子の分だけ増えているのです。

では逆に、1年後の100万円が現在いくらかを考えるには？

現在?万円を1年間銀行に預けたら100万円になると考えればいいので、

?万円 × 1.01 = 100万円

です。これを計算すると、?万円＝99万99円になります。

これが現在割引価値です。

現在割引価値とは、将来の現金から利子の分だけ〝えぐられた金額〟ということなのです。

カイジは班長[※注12]から借金をしました。ただし、班長からの借金ではなく、来月分の給料の前借りという形式で借りました。これも借金ですから、当然返さなければいけませんが、利子を払うのではありません。利子を払う代わりに、〝手数料〟が現在の手取りから減らされています。

「来月の給料9万ペリカを、今、渡すとすると、6万ペリカだね」

「こっちも相応の手数料をもらわないと」

これがまさに現在割引価値の考え方なのです。

「今月受け取った6万ペリカに、利子3万ペリカを加えて、来月9万ペリカを返済する」

のではなく、

「本来、受け取れるはずの9万ペリカを、今、前借りしたので、手数料として3万ペリカ持っていかれた」

給料の前貸しの代償として、手数料3万ペリカを要求する班長。班長はこのように薄給のカイジら労働者を追い詰め、施設から出られないように仕組んでいたのである。

のです。

カイジは給料日より前に現金を受け取りました。そしてその代わり班長に〝手数料〟を支払わなければいけませんでした。

カイジは本来受け取れる分から、〝手数料〟だけえぐられたのです。


じつは、これこそが〝借金の利子〟なのです。

そして、利子は〝将来支払わなければいけないもの〟ではなく、〝(前借りをしたために)その日の分から引かれる手数料〟なのです。

あなたは、〝今日１００万円借りて、利子を含めて来年１１０万円返す〟のではありません。

〝来年手にしていたはずの１１０万円の中から、今日の借金の手数料として10万円持っていかれた〟のです。

利子を将来払う〝レンタル料〟と捉えると、お金を借りる時点では痛みを伴いません。将来の自分が払えばいいのですから。

しかしもし、「利子は、本来受け取れるはずのお金から持っていかれる手数料」だとしたら、どう思うでしょう？
こう捉え直すと、借金がまた別物のように思えてくるのではないでしょうか？

※12：地下の労働施設では、労働者を班（グループ）に分けて生活させている。各班には管理職として班長がいて、悪代官のように、その班の中で威張り散らしている。

正しい判断をするための〝コスト把握力〟

経済学は、**〝完璧な人間〟**をモデルにし、その完璧な人間の行動や考え方を理論にしています。つまり、**「完璧な人間だったらどうするか？」**が基準になっているのです。

当然、現実の人間との間には差が生まれます。

たとえば、日常の感覚では私たちが〝コスト〟として考えていることでも、〝完璧な人間〟はそれをコストと考えません。そして、コストと考えないことによって、正しい判断ができている、という場合があるのです。

返ってこないお金は、「なかったもの」とする

その一つに〝サンクコスト〟という考え方があります。

〝サンクコスト〟とは、〝もう支払ってしまって、どうがんばっても返ってこない費用〟のことです。

たとえば、テレビCMをみて面白そうだと感じて観に行った映画がひどくつまらなくても、その映画のチケット代は返してくれません。途中で席を立っても、チケット代は戻ってこない〝サンクコスト〟なのです。

また、食べ放題のレストランの料金も同様です。一度食べ始めたら、いくら食べても、逆に食べなくても料金は同じです。〝サンクコスト（支払い済みの費用）〟な

のです。

今からどうがんばっても、返ってこない費用であれば、その費用がいくらであっても、今後の判断の材料にしない、というのが経済学の鉄則です。つまり、払ったことを無視して、その時点でベストだと思うことをするのが〝正解〟なのです。

逆に、「せっかくお金払ったんだから」とサンクコストを気にしていると、その時間を無駄に過ごすことになります。

映画のチケット代は、どうやっても返ってきません。あなたが映画を観ようが観まいが、お金は返ってきません。だとしたら、「つまらないけど、お金払っちゃったから、我慢して最後までみるか」というのは正しい選択ではないのです。そんなときは、お金を払ったことは忘れて、その時点からできること（ベストだと思う行動）をすべきです。つまらなかったら我慢して観つづけるのではなく、映画館を出るべきなのです。

食べ放題レストランでは、ついつい「元取れ〜」と食べすぎてしまいます。ときには体調が悪くなるまで食べてしまいます。ですがこれも映画と同じです。そこで食べても食べなくても、お金は返ってこないので、忘れるべきです。

お金のことは忘れて、「どれくらい食べるのがベストか？」だけを考えます。そのとき、体調が悪くなるまで食べようとは思わないはずです。それが正しい判断、正しい選択なのです。

過去に囚われていると、ベストな判断ができなくなります。なので、「過ぎてしまった過去」である〝サンクコスト〟は無視することが正しい判断をするために必要なのです。

これはギャンブルや投資についても同じことがいえます。

今まで努力した、お金をつぎ込んだからといって、今後勝てるとは限りません。

また、さらにつぎ込めばそれまで消えた分が返ってくるわけでもありません。

もっといえば、今までお金をつぎ込んでしまったのだから、これからもつぎ込むべきということはないのです。

カイジとともに"沼"に挑んだ坂崎。2000万円をつぎ込んだが、当たりがくることはなかった。カジノ側に操作されていることを感じ取ったカイジに、これ以上の勝負を止めるよう、説得されるシーン。

「もう後には引けない」という感情は理解できます。しかし、正しい判断（合理的な判断）をするためには、サンクコストは〝なかったこと〟にして、ゼロベースで考えるべきなのです。そのとき、そのときでベストな判断をするためには、今まではなく、これからだけに目を向けるべきということです。

さもなければ、同じようにあなたも〝沼〟に喰《く》われてしまうかもしれません……。

みえないコストに目を向けろ

サンクコストは、〝感情的には気にしてしまう、こだわってしまうが、こだわってはいけないもの〟でした。これにこだわってしまうと、正しい判断ができなくなります。

今度はその反対に、〝感情的には気にならないが、正しい判断をするためには気にしなければいけないもの〟を紹介します。それは〝**機会費用**〟です。これを考慮しなければ正しい判断はできないのです。

機会費用とは、〝**他のことができなかったために、損をした額**〟です。

つまりこういうことです。人間には身体《からだ》が一つしかありませんから、同時に一つのことしかできません。パチンコに行ったら、その時間はバイトに行けません。飲み会に行ったら、その時間はお金を稼ぐことはできません。

パチンコに行くか、時給1000円のバイトをするか迷った末、5時間パチンコに行ったとしましょう。最初は当たりが重なったものの、後半失速して結局マイナス1000円で終わりました。

多くの人はここで「今日の収支はマイナス1000円」と感じるでしょう。しかし、じつはそうではないのです。

その時間で失った金額を考えるときは、〝もしバイトをしていたら、もらえたはずの金額〟を考慮しなければいけません。パチンコを我慢して、バイトに行っていたら、5時間で5000円入りました。〝プラス5000円〟だったのです。

それが現実にはパチンコに行ってしまったために〝マイナス1000円〟になりました。

「バイトに行く」と「パチンコに行く」で6000円の差があるのです。つまり、バイトをキャンセルして、パチンコに行ったために失ったのは1000円ではなく、バイト代5000円を含めた6000円なのです。

これが〝機会費用〟の考え方で、正しい捉え方です。

スーパーのチラシをみて、1円でも安い店に1時間もかけて行く人がいます。その1時間（往復2時間）でバイトをしたら2000円入ったでしょう。どちらが得でしょうか？

有名店のお得ランチを食べるために、開店前から3時間並んだ人がいました。「この内容だったら倍の値段はするよね～。並んだ甲斐があった！」と言いますが、本当に3時間を費やすのが賢い選択だったのでしょうか？

コストは、目にみえるものだけではありません。「その時間で、他のことをしていたら、いくら稼げたか？」「どんな有意義なことができただろうか？」を常に考えなければいけません。さもなければ、知らず知らずのうちにあなたは時間とお金を失っていくことになります。

最悪の事態に備える力

率直にいって、カイジは〝負け組〟です。

漫画の中では、カイジは権力にも屈せず、リーダーシップがあり、実行力がある青年です。しかし、そもそもあのような状態になってしまったのには、当然ながらカイジにも責任があります。地下の強制労働施設で、初給料が出たとき、2日連続で豪遊してしまい、班長の大槻にも「ダメ男」というレッテルを貼られてしまいました。

しかし、そんなカイジが利根川を失脚させ、一条に勝ち、圧倒的に不利な状況から帝愛グループと互角以上の戦いをみせ、最終的には勝利していきます。

「こんなダメな奴《やっ》なのに、なぜ勝てるのか？」

もしくは反対に、

「こんなにすごい奴なのに、なぜこんな世界に来てしまったのか？」

読者の頭の中には常にこの謎があります。

カイジの持っている性質と、招いている状況が矛盾していると感じるのです。


しかし、こう考えると納得がいきます。つまり、こういうことです。

「カイジは普段の世の中をうまく泳いでいく能力はない。しかし、唯一とても強い能力があり、それが発揮されたときには、帝愛グループをもしのぐ」


カイジが持つ、その唯一、かつ最大の能力とは、**〝ほころびを突く力〟**です。

カイジはここ一番の勝負で苦境に追い込まれると、相手がつくった仕掛けの中に小さな〝ほころび〟をみつけます。そしてその小さなほころびから穴をみつけ、その穴を突いて勝利しているのです。


どんな盤石にみえる制度や仕組みにも、必ずほころびがあります。

そのほころびは、一目みて発見できるものではありません。正面から向かっていっても気づくことはありませんし、もっといえば仕組みをつくった本人さえも気づかない場合がほとんどです。

そのため、普段は問題なく仕組みが機能し、仕組みをつくった側は、さも完璧なものをつくり上げたという気になります。

しかし、結果的にほころびをカイジに突かれ、班長の大槻や一条は負けてしまいました。

最強の仕組みにも〝アキレス腱〟はある

勝つ確率を極限まで高めるには、巧妙な制度・仕組み・ルールをつくらなければいけません。しかし、どんな制度や仕組みをつくっても、完璧にはなりません。完全犯罪が不可能なのと同様、完璧な制度はあり得ないのです。

重要なのは、**自らの仕組みには脆弱《ぜいじゃく》な部分があるということ**を常に認識しておくこと、そして、その〝アキレス腱《けん》〟をみつけ、そこを突かれたときの対処方法を用意しておくことなのです。

ギャンブルでも投資でも、自分自身の生き方についても同じことがいえます。

誰もが賭けをするとき、投資をするとき、自分の生きる道を選択するとき、〝うまくいくこと〟を想定しています。多くの人は〝うまくいくこと〟しか考えていません。

パチンコに出掛けるとき、負けるイメージを持っては行かないはずです。企業の株を買うとき、「この株は絶対値下がりして損をするだろうな」と考えて買うことはありません。わざわざ失敗を目指して人生の選択を行うこともありません。

もちろん、最初は〝失敗する可能性〟も頭をよぎるでしょう。しかし、時間がたち、何度か事がうまく運ぶにつれて、その懸念はなくなっていきます。

なくなるどころか、逆に自信を持つようになります。懸念材料がなくなったようにみえると、「もはやこの制度は無敵。必勝パターンだ」とより強い思い込みを持つようになり、大槻や一条のように、「もはや〝アキレス腱〟などない」と感じる

地下で行われるギャンブル“チンチロ”。これを取り仕切る班長の大槻は、カイジに不正を見抜かれてしまう。このときの帝愛グループのナンバー2の言葉は真理です。自らの隙を知り、不測の事態に備える力が勝敗を分けます。

ようになるのです。

しかし、二人ともカイジに負け、そのような想定が過信だったと気づくのです。

どんな仕組みにもアキレス腱はあり、そこを突かれたときに対処できるかが大きな分かれ道になるのです。つまり、**最悪の事態を想定し、そんな事態に直面してもなお〝負け〟を防ぐための策**が必要なのです。

人生では、勝負を続けられることが一番大事

最終的には帝愛グループとの賭けに勝っているカイジですが、100戦100勝というわけではありません。カイジもよく負けています。しかし、また次に勝負を挑み、最終的に勝っています。

なぜカイジは負けても負けても、最後には勝てるのでしょうか?

それは、〝**致命的には、負けていないから**〟です。〝負け〟がいけないのではありません。

〝どんなものでも成功率100％はあり得ません。負けは構わないのです。ただ、〝致命的に負けること〟は避けなければなりません。

よく自己啓発の本やセミナーで、「勝つまで止《や》めなければ、絶対に勝てる」ということがいわれています。たしかに、勝つまで止めなければ勝てるに決まっています。これは、「それまで諦めずに挑みつづけなさい」という示唆ですが、同じくらい重要なのは、「挑みつづけられるよう、致命的な負けを避ける」ということなのです。

いくら気合と根性があっても、軍資金を失ってしまえば、賭けを続行できません。人生をやり直したくても、帝愛グループの泥沼にはまってしまえば、ほとんど通常の社会に戻ってこられません。

次の勝負ができないくらい、致命的に負けてしまったら、挑みつづけたくてもできません。〝勝つまで止めない〟ができないのです。

ではどうすればいいのか？

〝致命的に負けない〟ためには、何を差し置いても〝自分が負けられる範囲〟を知ることです。そして、限界まで損をしてしまったら、きっぱり諦めて撤退することです。限界で止めておけば〝ゼロからの再スタート〟ができます。

でも、

「次こそうまくいくはず！」

「あと10万円つぎ込めば大当たりが来ると思う」

「このままじゃ終われない（涙）」

と言って、勝負にしがみついたら、破滅への一本道を突き進むことになります。許容範囲以上の損を出してしまったら、それこそ再起不能になってしまうのです。

限界を知り、きっぱり撤退できるかどうか。それで「勝つまで続けられるかどうか」が決まり、**「あなたが最終的に勝てるかどうか」**が決まるのです。

コラム　保険はなんのためにかけるのか？

致命的に負けないために、私たちが行っているのは、〝保険〟に入ることです。自動車を運転する人は自動車保険に入っているはずです。持ち家がある人は、火災保険に加入している人が多いです。海外旅行に行くとき、保険に入る人も多いでしょう。なぜ保険に入るのか？

それは〝万が一のときに、多額の損失（出費）をするのを避けるため〟です。保険に入っていれば、万が一のときにほとんど損失をカバーしてくれます。

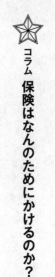

保険料は支払わなければいけませんが、逆に考えると保険料を支払う代わりに、リスクを一定の範囲（保険料のみ）に限定しているのです。

たまに「保険料を払うのがバカバカしいので、保険に入らない」という人がいます。ただしそれでは〝致命的に負ける可能性〟が消えません。〝万が一〟の事態が起こらなければ、問題はないでしょう。しかし、万が一が起こってしまったときには、請求書の金額があなたの支払い能力を超えてしまうかもしれません。

「いや、払えないよ！　だって、そんなお金持ってないもの」

「だって、そんなこと起こるって思わなかったもん！」

そんなこと言っても意味がありません。「だって」「だって」と言っていても、致命的に負け、再起不能になるかもしれないのです。

そして、同時に、保険は「万が一のときのため〝だけ〟に」

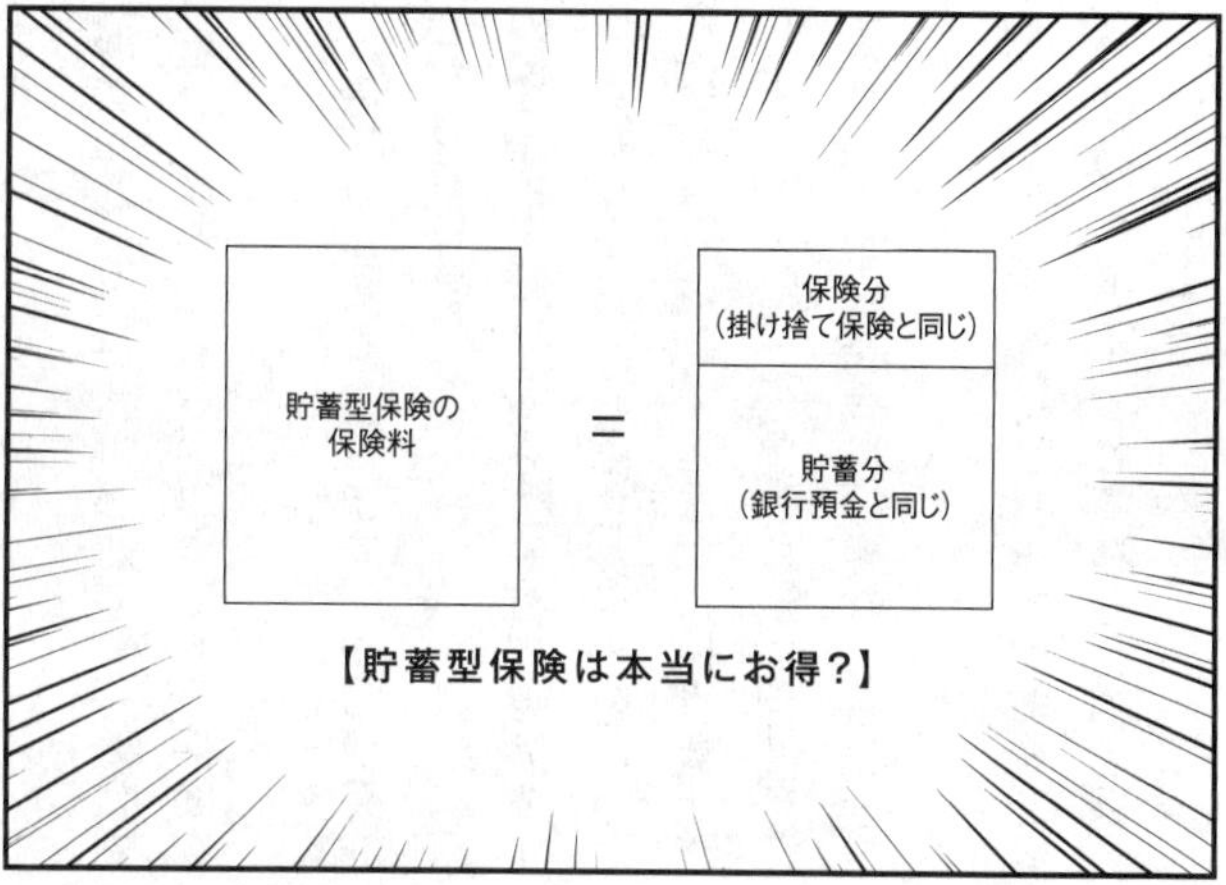

【貯蓄型保険は本当にお得？】

入るものだというのが私の考えです。

日本人は、掛け捨てという考え方がなかなか受け入れられず、保険にも貯蓄の要素を求めてしまいます。つまり、後からお金が返ってくる保険を選んでしまうのです。

ただ、このタイプの貯蓄型保険は、保険料が高くつきます。同じ保障を得ようとすると、毎月高いお金を払わなければいけないのです。

イメージで言うと、掛け捨て保険の保険料＋銀行預金が、貯蓄型保険です。

では、自分で預金をしつつ、掛け捨て保険に入るのと同じなのかというと、そうではありません。貯蓄型の保険には、通常解約できない期間が設定されています。その期間に解約しようとすると、貯《た》めたお金（払った保険料）から大幅に手数料を引かれて戻ってきます。銀行預金は好きなときに引き出せますが、保険はそうではないんです。

こう考えると、貯蓄型保険のメリットがわからなくなります。お金を貯めたいのであれば、自分で預金をすればいいのです。わざわざ制約を課す必要はないでしょう。

ただ、貯蓄型保険に加入していれば、強制的にお金が引き落とされ、強制的に貯蓄に回されます。自分の力では貯金ができない人には、もしかしたら意味があるかもしれません。でも、その程度の話です。

一億総借金時代を迎え撃つ、正しいお金の使い方

一億総借金時代を生き抜くには、正しくお金を〝使う〟ことが必要になります。

といっても、よくいわれるように「モノではなく、体験にお金を使え！」とか「車にお金を使うな！」とか「不動産は買うな！」という話ではありません。私がお伝えしたいのは、もっと長いスパンでみなさんの判断基準となるような知識のことです。

ここでは、一歩引いて、**経済学で考える〝正しいお金の使い方〟**をご説明します。

宝くじに当選したり、一夜にして大金を手にした人は、豪遊をしたがります。しかし、満足感はすぐになくなり、さらに上を目指すようになります。またそうしていく中で、"1円"は、どんどん軽くなり、結果的に浪費・豪遊から抜けられなくなってしまうのです。

どうすれば、そうならずに済むか？

それを考えるうえで、経済学的に"正しいお金の使い方"を知ることは役に立つと思います。

経済学では、正しいお金の使い方を定義していますが、「無駄遣いするな」とか「本当に欲しいものを買いなさい」というような説教っぽいことではありません。

「無駄遣いをするな」というのは、一見すると妥当な指導ですが、じつはそうでもありません。というのは、浪費癖がある人も、その瞬間は無駄遣いをしている気持ちはないからです。

また「欲しいものを買いなさい」では、「じゃあ車が欲しいから買っちゃうね」

となります。これではいくらお金があっても足りません。

これに対して経済学では、

〝１円当たりの満足感が高いものを買う〟

がベストな〝お金の使い方〟とされています。どういうことか、説明しましょう。

地下の強制労働施設でも、いろんな商品が売られています。５００ペリカの柿ピーもあれば、７０００ペリカの焼き鳥もあります。ビールは３５０mℓで５０００ペリカ、５００mℓのロング缶だと６０００ペリカです。

カイジは１か月の労働の対価として、給料９万ペリカを受け取りました。この限りある予算でカイジは何を買うべきか、経済学的に整理してみます。

経済学では、それぞれの商品を手に入れたときの満足感をその値段で割り、〝１

円当たりの満足感〟を商品ごとに比較します。そして、その〝1円当たりの満足感〟が高いものを買うのがベストと考えています。

たとえば、500ペリカの柿ピーの満足感が100点、5000ペリカのビールの満足感が5000点、7000ペリカの焼き鳥の満足感が6000点だとします。

これらの満足感を、値段で割ると、

・柿ピー：100点／500ペリカ＝0・2

・ビール：5000点／5000ペリカ＝1

・焼き鳥：6000点／7000ペリカ　＝約0・9

この場合、ビールが一番効率的な買い物になります。ビールを買うのが正しいのです。

ここではかなり簡素化して説明しました。

このままではビールばかり買うことになってしまいますが、実際にはビールを買うたびに満足感が下がっていく（5000点→4000点→3000点……）ので、やがて焼き鳥のほうが1円当たりの満足感が高くなるときが来ます。

そうなったら今度は焼き鳥を買えばいいのです。

もちろん、すべての商品の満足感を厳密に点数で表すことは現実的に難しいです。

しかし、経済学で正しいとされている考え方を気に留めておけば、**〝1円の重み〟**を忘れることなく、お金を大切にできるはずです。

買い物をする前に「1円当たりの満足感」を自分に確認してみるといいでしょう。

買い物は、「自分の労働と引き換え」と思え

買い物に際して、もう一つ重要な視点があります。

それは、**「自分の買いたいものを自分の労働時間に置き換えて考える」**ということです。

あなたはお金を無尽蔵に持っているわけではありませんね。働いて自分で稼ぐのです。１万円稼ぐのに10時間働かなければいけないのであれば、１万円のモノは、10時間分の労働と〝引き換え〟になります。

たとえば、時給１０００円の人にとっては、５０００円の飲み会は〝5時間分の労働〟と引き換えです。１万５０００円の洋服は15時間分、4万円のｉＰａｄは40時間分です。

持っているお金を使うときにはなかなか気づきにくいことですが、お金を使うということは、まぎれもなく、「これから自分はその分働きます」と約束していることになるのです。

そうなると、「今月はまだちょっと余裕があるから」などと言って無駄遣いをすることが、いかに愚かなことかがわかります。

お金を使うときには、自分があとどれくらいお金を持っているかではなく、「この1万円のモノは、10時間の労働とつり合うか？　それ以上の価値があるか？」を考えるべきなのです。

毎週金曜日になると必ず飲みに行き、1次会・2次会で合わせて1万円使ってしまう人は、そのストレス発散のために自分が何時間働かなければいけないかを考えるべきです。お金を稼ぐための仕事でストレスを溜め、そのストレスを発散するためにさらに働かなければいけない状況に自分を追い込む。

これが多くの人のお金の使い方です。

こんなことをしていたら、いつまでたっても豊かにはなれません。金銭的にも、精神的にも。

お金は自分が働いた成果です。買い物は、自分の労働と引き換えであることを忘れてはいけません。

地下の強制労働施設では、借金の支払いを引かれて毎月給料が支払われます。１日働いても350円。労働の価値は、属する社会によって決まるということも忘れてはいけません。

〝血のにじむような倹約〟の残酷な結果

「小難しいことは考えず、貯金すればいい！」

そう思っている人もいるかもしれません。

たしかに、お金を管理し、無駄なことにお金を使わないことは大事かもしれません。しかし、盲目的に貯金をしてもあまり意味がありません。

貯金に全精力を傾けた結果、どうなるか少し考えてみましょう。

20歳のAさんが、1か月3万円ずつ節約し、貯金しました。

1か月3万円を切り詰めるのは、簡単ではありません。

いろいろなことを我慢しなければいけないし、ストレスも溜まっていくでしょう。

しかし、Aさんは根気強く貯金を続け、なんと30年間、休むことなく3万円を貯金しつづけました。

50歳になったAさんは、今までの苦労を振り返りつつ、通帳を開きました。

「今までいろんなことを我慢してきたな。どんな誘惑にも負けず、意思を貫き通した。自分で自分を褒めてあげたいくらいだ。その甲斐あって、お金を貯めることができた。これでもう老後も安心……」

Aさんが通帳をみると、それまで涙ぐましい努力で貯めてきたお金の残高が記載されています。その30年間の努力の結果は……。

たったの1080万円です。

1年間に200万円ずつしか使わなかったとして、5年しかもちません。

月々の出費を8万円ちょっとに抑えて、年間100万円しか使わなくても、10年強でなくなってしまうのです。

これで〝老後の安心〟が得られるでしょうか？　**答えは「No」です。**

お伝えしているように、〝貯める〟も必要で、節約や貯金も大事です。しかし、将来のためにいくら節約して、いくら貯金しても、〝将来のお金の不安〟がなくなることはありません。

定年のときに貯金が1000万円あっても、その先の生活は不安です。ではこれが2000万円、3000万円あったら不安がなくなるかというと、そうではないようです。

日本総合研究所の調査によると、70歳以上で亡くなった方の相続資産額は、平均で3354万円です。70歳になると、3000万円以上の資産を抱えているのです。つまり、使わないわけですね。

なぜか？　それは「いざというときのために」です。もちろん、家族のために意図的に遺産を残す人もいるでしょう。しかし「平均」を考えれば、残しているというより、**使えなくて残っている**と考えられます。

3354万円もあれば、月に20万円ずつ使っても14年間生活できます。平均寿命から考えて「そんなに長く生きない」と自分で感じていたとしても、それでも将来が不安で使えません。

しかも、このうちの多くの人は年金を受給できるはずです。定期的な収入もあるわけです。それでも「使えない」のです。**いくら貯金があっても、将来の不安は消えないのです。**

心をスリムにする

さらに、盲目的な節約は、精神的苦痛を伴います。毎月の収入から3万円を貯めつづけることはかなり大変です。地下の強制労働施設で、ビールを我慢しているカイジに班長の大槻はこう言いました。「心はゴム鞠《まり》だよ。押さえつけられれば必ず跳ね返そうとする」と。

人間は、いつかは我慢に耐えられなくなってしまいます。

ではどうすればいいのか？

お金を節約し、支出をスリムにするのではなく、あなたの心をスリムにしなければいけないのです。

欲は刺激すればするほど大きくなります。また食欲と違って、限界がありません。これを手に入れたら、もっといいものが欲しくなる。それを手に入れたら、さらに豪華なものが欲しくなる。飽くなき欲求の結果、あなたの心はブクブク膨れ上がり、肥満になっていくのです。

心の肥満を防ぐには、自分の欲をコントロールしなければいけません。

でもそれは簡単ではありません。

一度「欲しい！」と思ったらなかなか諦められないものです。

なので、外部からの刺激をコントロールします。

あなたに「欲しい！」と思わせるものを敢《あ》えてみないようにするのです。

通販カタログをみて「これいいな！　でも買えないな」と我慢するのではなく、そもそもその通販カタログをみるのを止めるのです。

銀座に出掛けるたびに「買いたくても買えない！」のであれば、銀座に行くのを止めるべきなのです。

欲は、どこからともなく自然に発生していると思っている人もいるかもしれません。しかし、それは間違いです。欲は刺激されるから膨らむのです。そしてその刺激を与えているのは、あなた自身です。

膨らんでしまった欲を抑えるのは、とてもしんどいことです。でも、欲が膨らまないように、心が肥満体質にならないように、自分で意図的に外部からの刺激をコントロールすることは比較的簡単にできます。

じつは、私はほとんど物欲がありません。

仕事で使うものは便利なものを選びますが、特に新品にはこだわりませんし、最新モデルである必要もないと思っています。

また、食欲は旺盛ですが、食べ物に対するこだわりはありません（おいしいものを食べて「おいしい！」とはわかります）。

それは、学生のころから意図的に欲が膨らまないようにしてきたからだと自分で感じています。以前、『世界バリバリ☆バリュー』というテレビ番組がありました。世界中の大富豪を取材したり、超豪華リゾートホテルをレポートしたりする番組でした。

私は旅行（特にリゾート）が好きなので、この番組は私にぴったりでした。ですが、すぐにみるのを止めました。

その理由は、ため息が出るからです。

大富豪が豪遊している様子や超豪華リゾートのスイートルームをみると、「すごい！」とテンションが上がった次の瞬間、そこに手が届かない現状にため息が出ます。現実とのギャップがありすぎて、あの世界を目標にがんばろう！　とも思えず、モチベーションアップにもならなかったのです。

だからみるのを止めました。

「以前から自分の感情を意図的にコントロールしてきた」とカッコよく言いたいのですが、実際には違います。

手が届かないものをみると感情的に凹《へこ》むので、みないのです。

でも結果的に、これで欲が膨らむのが抑えられていたのでした。そして今では、
意図的にコントロールできるようになりました。

終章

お金に振り回されないために、本当に必要な力

「お金持ちが人間的に偉いわけではない」

「本当に大事なことは、お金以外にあるはず」


そういうフレーズはよく聞きます。

私も、本質的にはその指摘が正しいと思います。

しかし、世間がそう感じているとは限りません。

むしろ世間では違うように思われているからこそ、わざわざ「お金持ちが人間的に偉いわけではない」といわれるのではないでしょうか？


ここで経済学の父アダム・スミスの言葉を紹介します。経済学は〝金儲《かねもう》けの学問〟と思われているところもあります。実際は違いますが、〝富／豊かさ〟を扱う学問であることは確かです。その経済学を創ったといわれる人が、〝お金持ち〟をどうみていたのかは、注目に値します。

結論からいうと、アダム・スミスは**「世間は、お金持ちを尊重し、〝偉い人〟として認識する傾向がある」**と指摘していました。

スミスはこういう言葉を残しています。

〈意訳〉

貧しい人と裕福な人が、同じような功績を残した場合、世間は「裕福な人」をより一層尊敬するだろう。お金持ちがみせびらかす「大したことない実績」のほうが、貧乏人が堅実に上げた成果よりも称賛に値すると感じる。そして、実際にほとんどのケースで、お金持ちや権力者が世間から尊敬を集めているのである

《原文》

「社会に対して尽した功績の程度が同じ場合に、貧しい者、下賤の者よりも富める者、高貴の者を一層尊敬しないような人はおそらく滅多にいないであろう。大多数の人々にとっては、富者や権力者の自尊心や虚栄心の方が、貧者や賤者の真摯な堅実な功績よりもはるかに称讃に価いするのである。(中略)事実上富者や権力者が殆んど常に尊敬をかちえていることをわれわれは認めなければならない」(『道徳情操論』)

スミスは、「精神的に優れている」「年上である」「社会的な地位がある」などは、その人の行動に権威を与えやすくなる、まわりの人々が敬い、従いやすくなると言っています。これは納得できますし、妥当な感情です。これらが尊敬を集める人の「条件」になっているのです。

ただ、さらに重要なこととして、スミスは「富を持っている人」はより一層権威を持ちやすくなると考えていたのです。「貧者は富者に対して尊敬を払う、強い性向がある」、つまり**「裕福」というだけで尊敬の念を持ちやすくなる**ということなのです。

要するに、「お金持ちは貧乏人より世間から認めてもらいやすい」のです。同じ行動をしても、お金持ちのほうが称賛される。お金持ちというだけで称賛されるのです。

みなさんの経験に照らし合わせて考えても、当てはまっているのではないでしょうか？

資産家に出会ったら、その人の性格やそれまでの思想・行動・業績を何も知らなくても、「すごい人！」と反射的に感じることがあります。ただ単に〝お金持ち〟なだけで、その人を重要人物と感じるのが世間なのです。

よく学校で「人をみかけで判断してはいけない」と繰り返し言われてきました。それは人をみかけで判断する人が大勢いるからです。同じように「お金持ちだからといって……」は、世間一般的に「お金持ちはすごい！」と思われている裏返しなのです。

人を救ってきたのはお金ではない

アダム・スミスが指摘したように、多くの人は、感覚的に〝富〟を好み、裕福な人を上にみる傾向があります。そして同時に〝貧困〟を嫌い、失業者や多重債務者を〝下〟にみる傾向があります。

たとえ同情に値する事情があったとしても、それを聞かずにお金に困っている相手を否定するのです。

この社会からの評価は、お金では解消しません。世間は相変わらず「国からお金をもらって生きている人間」と、〝下〟にみつづけるのです。

その結果、失業者は、たとえ失業手当をもらいながら生活ができていたとしても、精神的には貧乏なままです。

たとえ生活保護を受けることができ、衣食住に事足りていても、世間からの視線を意識してしまい、心は社会復帰できないのです。

現在、日本には「お金の返済が3か月以上滞っている人（いわゆるブラックリストに登録されてしまう人）」が約420万人もいます（平成25年1月時点）。

そこにいたった事情は様々で、中にはただのギャンブルなどにつぎ込んだという自業自得の人もいるでしょう。ですが、その状態から脱出し、無事に社会復帰できるような対策は社会として用意されているべきです。

ただし、社会復帰のための策とは、社会保障を厚くするとか、生活保護の支給額を引き上げるという話ではありません。彼ら／彼女らはお金では救えないのです。

彼らを救えるのは〝仕事〟です。

以前読んだ西原理恵子さんの『この世でいちばん大事な「カネ」の話』に、〝いちばん大事な〟フレーズがありました。

「『エサをもらって生きる』だけじゃ牛や馬と同じになってしまう。人でなくなってしまう。（中略）『働ける場所がある』ってことが、本当の意味で、人を『貧しさ』から救うんだと思う」

日本には憲法で最低限度の生活を送る権利が保障されています。収入がない人にも、生活保護や様々な手当てが支給され、手続きさえ怠らなければ、餓死することは非常に稀《まれ》です。ですが、生活保護を支給していれば、問題がなくなるかというとそうではありません。

西原さんの指摘が、それを的確に表現しています。

人間は、食べていけるだけでは幸せになれません。人が人として生きていくためには、働くことが必要です。働き、社会と交わり、自分の足で立っているという自覚が、人を貧しさから救い、人間にするのです。

新約聖書にも「人はパンのみにて生くる者に非《あら》ず」とあります。

また、アダム・スミスは、失業者を救うために与えるべきものは〝施し〟ではなく、〝仕事〟と説いています。

お金は大事です。

でも、お金だけ渡しても問題は解決しません。**仕事が人を救うのです。**

「いつまでも働きつづけられる！」という自信をつける

今の日本では、じつに20～40代で85％の人が「将来に経済的な不安を感じている」そうです。

特に20代では、将来への備えとしてせっせと貯金をしているようです。

ですが、仮に将来に不安があるとしたら、それを解消するために若いときから貯《た》めるべきものは〝お金〟ではなく〝**働きつづけられる能力**〟です。

毎月3万円の貯金をいくら続けても、将来の安心は得られません。

一生遊んで暮らしても使いきれないくらいの大金持ちであれば別ですが、私たち一般人にとっては、多少のお金があっても将来の不安は消えません。

経済的な安心感を得るためには、「将来も働きつづけることができるだろう」と自分で思えることが必要なのです。

つまり、働きつづける能力が必要なのです。

将来に向けて貯めるべきものはお金ではなく、〝働きつづける能力〟なのです。

月給が3万円高いが、将来に役に立たない仕事を選ぶのではなく、**月給が3万円安くても、〝働きつづける能力〟を身につけられる仕事に就くべき**です。

そうすれば、月々3万円の貯金はできなくても、代わりに能力を貯められます。

〝働きつづける能力〟とは？

〝働きつづける能力〟というと、自分の専門性を高めて、一生食いっぱぐれない能力を身につける、というイメージをされるかもしれません。

もちろん、そういう唯一無二の能力を身につけることができれば、仕事を得ることができるでしょう。

でも、そのような専門性を身につけても、時代が変わってその能力が不要になったり、新しい技術で代替されたりしたら、意味がなくなります。いくら優秀な馬車引きでも、現代には生き残れません。

このように、10年前の花形産業が、時代遅れ産業になっているという例は枚挙にいとまがありません。その道のプロになることは大事ですが、それだけで将来も安泰とはいえない時代なのです。

ではどうすればいいのか？

答えは一つ。

時代に適応してどんな仕事をしてでも生きていけるという自信を身につけることです。

「仮に、今の会社がなくなっても、その産業自体がなくなっても構わない。自分は何か別のことをして生きていけるから」という強い自信を持っている人は、将来に不安を感じません。「専門性があって、今はたくさん稼げているけど、将来どうなるかわからない」と感じている人より、圧倒的に強いのです。

自分がクビにならなかったとしても、会社が倒産する可能性は十分あり得ます。そうなったら、〝転職〟せざるを得ません。自分の会社がなくなっても生きていけると思えなければいけないのです。

能力があるに越したことはありません。

能力を高めるための自己投資も有効です（3万円を毎月貯金するくらいなら、その3万円を自己投資に充てたほうがよっぽど有意義です）。

しかし、将来への不安を和らげ、自尊心を維持するために必要なのは、スキルや知識よりも、むしろ精神面です。

「自分は何か別のことをして生きていける」

これが必要で、これこそが〝働きつづける能力〟だと思うのです。

ダーウィンが説いたように、変化に対応できる種が生き残るのは生命の真理です。ただ、これから起こる変化に対応できるかどうかは、実際にはわかりません。また「変化に対応できる人材が生き残る」といわれても、具体的にどういう人材が生き残るのか、どうすればそういう人材になれるのか、さっぱりわかりません。

だから、私はこう考えます。

生き残り、経済的な不安を解消できる人材とは、〝変化を怖がらない人材〟です。

宇宙には〝慣性の法則〟が存在しています。「動いている物体は、そのまま動きつづける」という現象は、あまりに有名です。ですが、この真理のもう一方の側面に目を向けると、もう一つの重要な示唆に気がつきます。

それは「止まっている物体は、そのまま止まりつづける」ということです。止まっている物体は、そのまま止まりつづけ、外部から力が加わらない限り、自分からは動かない。それが慣性の法則が示しているもう一方の真理です。

これは人間の行動や心理にも当てはまるのではないでしょうか？

常に動いている人は、そのまま動きつづける。

常に止まっている人は、そのまま止まりつづける。

今日活発に動いている人は、明日も活発に動き、今日何もしない人は、明日も何もしないのです。

これは、人の〝慣れ〟と〝心理的ハードル〟を表しています。

常に動いている人は、新しく動くことに対して、特に躊躇《ちゅうちょ》しません。ストレスなくまた次も動き出せます。しかし止まっている人は、なかなか動き出せなくなるのです。

かつてはたやすくできていたことでも、ブランクが空いてしまうと気分的にハードルを感じ、大きなエネルギーが必要になります。一度停車した車が一番重たい〝1速〟から再スタートをしなければいけないのと一緒です。

逆に、常に変化を経験している人は、環境が変化しても、ストレスを感じにくくなります。「いつものことだ」と感じることができます。

しかし一方で、長年〝安定〟した場所にいて、変化を避けてきた人は、ちょっとした変化にも恐れを感じ、耐えられなくなるでしょう。その結果、「今の仕事以外できない」「この会社がつぶれたらどうしよう……」と考えてしまうのです。

将来も食いつなぐために、ある分野の能力を〝専門〟といえるくらいにまで高めることは難しいことです。そして、仮にそれができたとしても、10年後にその能力が必要とされているかどうかを見極めるのは、至難の業です。ハズレの可能性もあるわけです。

しかし、変化に慣れておくことは絶対に無駄になりません。

常に変化を経験している人は、これからの変化にもストレスなく対応できます。「どんな社会になろうとも、自分は生きていける」と思えるようになるのです。

世の中を見渡すと、（他にやりたいことがあるにもかかわらず）〝安定〟を求めて、今の会社にしがみついている人がいます。一方で、変化を恐れず新しい環境に次々とチャレンジしていく人もいます。

とにかくみんな転職すればいい、ということではありません。しかし、この二人のうち、どちらが将来の変化に対応できるか、どちらが「どんな社会になっても働きつづけられる」という自信を持てるかは、いうまでもありません。

職場を変えなくても、日々の仕事の中では、経験できる〝変化〟がたくさんあります。1日の中で（もし難しければ1週間の中で）、何か一つ「今までと違うもの」を仕事で選びましょう。

今までと違う仕事内容を担当するのでも、同じ仕事を違うやり方でやるのでも構いません。

ずっと同じ相手としか仕事をしていないのであれば、新規プロジェクトと称して、違うメンバーと仕事をしましょう。ずっと同じクライアントを担当していたら、会社や上司に掛け合って、新しいクライアントを担当させてもらいましょう。

これからの時代を生きていくためには、できるだけ〝変化〟に慣れておかなければいけないのです。

将来のために、安定した職業に就きたい
将来のために、少しでも高い収入を得たい

その気持ちはわかります。でも、月収が3万円高い〝安定した（＝変化がない）〟仕事に就いても、30年後に貯まっているのはたった100万円です。

であれば、3万円安くても変化への対応力が磨かれる会社に勤めたほうがよっぽど生命力がつき、よっぽど経済的な不安がなくなります。

人間は安定を好む生き物で、〝今までと一緒〟をとても心地よく感じます。しかし、敢《あ》えて違うものを選び、違うものに慣れていくべきなのです。

「迷ったら変化を取れ」

これが、どんな時代になっても対応でき、ずっと働きつづける能力を高める唯一の秘訣《ひけつ》です。

そして、この一億総借金時代に、〝お金の不安〟から解消されるための唯一の方法なのです。

カイジの結末は？

カイジは、リーダーシップがあり、恐ろしいほど逆境に強い男です。

心にも芯を持っていて、やさしく、義理堅い人間です。人相はあまりよくありませんが、カイジが仲間に加わってくれたら、とても心強いです。

これだけの修羅場をくぐってきた人間には、ぜひビジネスの世界で、大きな賭けをしてもらいたいと感じます。


しかし、普段のカイジは、これからもダメっぷりを発揮していくと思います。

そして、何度も落ちていくでしょう。

それがカイジです。


カイジが一流企業に勤め、結婚して安定した家庭を築くなんて想像できません。

カイジにとっては、そんな生活も退屈でしょう。私も、日々決まった業務をこなしているカイジをみたくありません。

カイジには戦いつづけてもらいたい。それが私の希望です。

そしてカイジに勇気づけられながら、ときには反面教師として捉え、私たちもカイジを応援していきたいのです。

あとがき

私がカイジに出会ったのは、今から5年ほど前でした。普段、ほとんど漫画を読まない私は、たまたま手に取った『カイジ』に引き込まれていきました。ほんの数ページ読んだだけで、この漫画は日本国民にとって大切な本だと感じました。

特に、お金に関して自分で責任を持たなければならない社会人は、全員が読むべき漫画だと感じました。

本文中にも書きましたが、日本人にはマネー教育がほとんどなされていません。そのため、お金の大切さも怖さも知らずに社会に放り出されます。

それではいけないのです。

帝愛グループや、カイジがいる世界は、本当に恐ろしいです。もちろん、すべてが事実ではありません。しかし、こういう世界を想定すること、カイジを通じて学ぶことは、とても多いです。特に現代の日本人にとっては。

これまでは、一生懸命働いていれば、誰かが助けてくれました。会社がみなさんの生活を保障し、〝家族〟として右肩上がりの給料と雇用を守っていました。定年後は国が年金を支給し、生活に苦労することはありませんでした。よほどのヘマをしない限り、お金に苦労することがありませんでした。

そのため、敢《あ》えてお金に関してリスクを取って〝冒険〟をすることもなかったと思います。それは日本人の資産がほとんど銀行預金になっていることが、何よりの証拠です。

私が社会人になったとき、勤めていた会社に「確定拠出年金(４０１ｋ)」が導入されました。それまで企業が年金を運用してくれていましたが、それ以降は、社員一人ひとりが「自分の年金を何で運用するか」を決めなければいけなくなりました。

私が驚いたのは、部長・課長陣を含め、多くの先輩たちが「運用なんてわからないよ。誰か代わりに決めてくれない？」と言っていたことです。冗談半分ではあったものの、最初から「さじ」を投げていました。私が言うのも失礼ですが、みなさん本当に優秀なビジネスマンで、社内の評価も非常に高い方々でした。そんな人たちが、お金に関してはまったく無頓着で、むしろ「知らなくて当たり前。面倒だから誰か代わりにお願い」と感じていたのです。

時代は変わりつつあります。これからは、会社は守ってくれません。国の年金も相当怪しいところに来ています。これからは、お金について自分で考えていかなければいけないのです。

職を失い、生活費に困っても、誰も守ってくれません。
借金で首が回らなくなっても、誰も助けてはくれません。
詐欺にあったり、ハメられたりしても、同情されて終わりでしょう。
「それはあなたが悪い」と言われるだけです。

「あなたが悪い」というとき、この「悪い」には、二つの意味があります。
一つは、It's your fault.（それは、あなたのせいだ）
もう一つは、It's your responsibility.（それは、あなたの責任である）
詐欺にあったのはあなたのせいではありません。しかし、詐欺にあわないように自分を守るのは、あなたの責任です。

It's your responsibility.

自分を守っていくのは、自分の責任なのです。

知らなかったで済ますことはできません。カイジの経験から学べることを現実社会に活《い》かすべきです。

「こんなにひどい世の中になってしまった！」と訴えたいのではありません。

私は日本が好きですし、日本人であることを誇りに思っています。ただ、これからの世の中を幸せに生きるためには、知らなければいけないことがたくさんあると思うのです。

それらを、ただ知らないだけで不幸のどん底に落ちる人が後を絶ちません。知らないということが「お金が命より重い」状況をつくっているのです。

本当は、お金なんかより命のほうが重い。圧倒的に、命とあなた自身のほうが大事です。お金のために命と人生を棒に振るなんてことがあってはならないのです。


いくら景気がよくなっても、いくら「経済成長」しても、多くの人が「どん底」に落ちてしまう社会が「いい社会」であるわけがありません。

そうならないために、今知らなければいけないことがあります。

大人だけではありません。これから社会に羽ばたいていく子どもたち、カイジと同年代の学校を卒業した若者たちも、身を守るために知らなければいけないことがたくさんあります。

それを伝えたくて、この本を書きました。

一人でも多くの人が、漫画『カイジ』を楽しむと同時に、カイジの経験を通じて、お金の怖さと大切さを知るようになることを、心から願っています。

最後に、漫画『カイジ』の原作者である福本伸行先生にお礼を申し上げたいと思います。面識がない私のお願いに快諾いただき、カイジのイラストを使うことにOKしていただきました。ありがとうございました。そして最後に、『カイジ』を描いてくださり、ありがとうございました！

２０１３年３月

木暮太一

文庫化に当たって

2013年4月に『カイジ「命より重い！」お金の話』を刊行してから、はや4年がたちました。本書は、お金の大切さと怖さを訴え、おかげさまで17万部を超えるベストセラーになりました。

私が漫画『カイジ』の世界観を借りてお金の話を書いた理由は、私自身が『カイジ』のファンだったから……だけではありません。もう一つ、大きな理由がありました。

それは、「お金の大切さと怖さを、一番知ってほしい人に届けたいから」です。

お金はとても大切なものです。お金がないばかりに不幸を避けられない人もいますし、お金のために命を削る人もいます。そして同時に、お金は怖いものです。使い方と守り方を間違えると、本当に大きなダメージを受けることがあります。

しかし、その教育が一切なされていないことに、長い間疑問を感じてきました。

それが本書を書こうと思ったきっかけですが、一つ大きなハードルがありました。

それは「本当にお金の話を知ってもらいたい人は、堅苦しいお金の勉強本なんて読みたいと思わない」ということです。

私がいくら「いいですか？　お金は大事ですし、怖いんですよ？　しっかり勉強しないといけませんよ」と繰り返し伝えても、誰も読んではくれません。本当に読んでもらいたい人に届けるには、彼ら、彼女らがすでに受け入れている世界観、すなわち『カイジ』のストーリーに沿って語るのがベストな方法だったのです。

相変わらず、学校や職場でも、お金のことは教えてくれません。みんなとても興味があって、本当はすごく知りたいことなのに、「興味のないフリ」をし、お金について何も知らない自分を照れ笑いでごまかしている人もたくさんいます。

エスポワール号の中で限定ジャンケンに負けた人たちを、カイジは「まるでパーティの余興で負けたかのようにヘラヘラしてやがる」と、その勘違いぶりを強烈に批判します。

「お金のこととか、よくわかんなくてさぁ（苦笑）」とへらへら笑っている人は、カイジからみればまさにエスポワール号の中の〝クズ〟と同じでしょう。

私はそういう人たちを「お金ムッツリ」と呼んでいます。本当はすごく興味があるのに、変にまわりの目を気にして本心を出さない。なんか潔くないですね。

お金に詳しくないことをバカにしているのではありません。本当は知りたいと思っているのに、あたかも「私はそんな下品な話題はしません」みたいに装っているのが逆に恥ずかしいと思うのです。


先日、仕事の関係で、あるお金の勉強会に参加しました。その勉強会は、「今からしっかり準備をして、老後の生活費を確保しよう」という趣旨でしたが、その場に行ってみて気づいたのが、若い女性の参加者が急激に増えていたことです。

私は主催者側のスタッフとして参加したので、勉強会中の参加者の様子をよく観察していました。印象的だったのは、若い女性の参加者が一番熱心に聞いていたということです。

かつて、お金の勉強会などに興味を持つのは、どちらかというと男性でした。実際、その勉強会も10年前までは年配の男性がメインだったそうです。でも今は、若い女性がどんどん参加するようになっています。「将来のお金は自分でなんとかしなければいけない」と、若い女性が本気で向き合い始めています。

漫画『カイジ』には、女性キャラクターが出てきません（「美心《みこ》」はストーリーとは関係ないところで出てきますが）。女性はお金のことをしっかり考えて〝クズ〟にはならない、男性は勉強しようとせず、〝クズ〟でいつづける。

この勉強会でお金のことを真剣に勉強する女性たちの姿と、カイジに女性キャラクターが出てこないという事実が、不思議な共通点として私の中で重なりました。

お金を軽視し、「お金なんて大したことない、軽いものだ」と思っている人ほど、「金は命より重い！」という利根川の言葉が深く胸に刺さるのではないでしょうか？

文庫化に際し、改めてカイジの教訓と、利根川の言葉からお金への向き合い方を整えようと感じていただけたなら、『カイジ』の紹介者として圧倒的至福に思います。

2017年4月

木暮太一

単行本　二〇一三年四月　サンマーク出版刊
肩書き・データ等は刊行当時のものです。

サンマーク
文庫

カイジ「命より重い!」お金の話

2017年5月20日　初版発行
2020年2月15日　第4刷発行

著者　木暮太一
発行人　植木宣隆
発行所　株式会社サンマーク出版
東京都新宿区高田馬場2-16-11
電話 03-5272-3166

フォーマットデザイン　重原 隆
本文デザイン　櫻井 浩 + 三瓶可南子(⑥Design)
本文組版　J-ART
印刷・製本　株式会社暁印刷

落丁・乱丁本はお取り替えいたします。
定価はカバーに表示してあります。

ISBN978-4-7631-6086-7 C0130

ホームページ　https://www.sunmark.co.jp